초판 1쇄 발행 2025년 4월 24일
초판 4쇄 발행 2025년 12월 30일

지은이 송연수
펴낸곳 (주)에스제이더블유인터내셔널
펴낸이 양홍걸 이시원

홈페이지 www.siwonschool.com
주소 서울시 영등포구 영신로 166 시원스쿨
교재 구입 문의 02)2014-8151
고객센터 02)6409-0878

ISBN 979-11-6150-971-6 13740
Number 1-010101-31253100-02

이 책은 저작권법에 따라 보호받는 저작물이므로 무단복제와 무단전재를 금합니다. 이 책 내용의 전부 또는 일부를 이용하려면 반드시 저작권자와 ㈜에스제이더블유인터내셔널의 서면 동의를 받아야 합니다.

시원스쿨 NEW 왕초보탈출

100일 만에 프리토킹

시원스쿨 대표 강사 **엘바쌤(송연수)** 지음

S 시원스쿨닷컴

프롤로그

　영어를 시작하고는 싶은데 도대체 무엇을 가지고, 어디서부터 어떻게 시작해야 할지 막막하셨죠? 영어가 아직 많이 낯설게 느껴지신다면 특히나 기초공사가 정말 중요한데요. 한 번 배웠다 해도 시간이 지나 다 날아가 버린다면 결국은 '다시 또 처음부터 시작'을 계속 반복해야 하기 때문이죠. 그래서 이 기초는 특히나 '오랜 시간이 지나도 언제나 꺼내 사용할 수 있는 것이 되도록' 익혀야 합니다.

'문장 뼈대 → 문장 확장 → 뉘앙스' 단계별 탄탄한 커리큘럼

　여러분과 똑같은 고민과 슬럼프들을 다 거쳐봤던 영어 학습자로서 평소 영어에 대해 궁금한 것도 참 많았던 저였기에, 학생분들의 가려운 부분을 누구보다도 잘 긁어줄 수 있지 않을까 하여 이 책을 쓰게 되었습니다. 현장에서 정말 많은 수강생분을 만나면서 느낀 것은, 무언가 습득한 것이 스피킹으로 실제 이어지려면 영어의 '기본 어순'과 '구조'가 먼저 체화되어야 한다는 점이었습니다. 뼈대만 잘 잡을 줄 안다면, 여기에 점진적으로 살을 붙여 확장해 나가는 건 별것 아니거든요. 그래서 이 책의 초반 30개의 day에서는 문장의 뼈대를, 중반 35개는 문장에 살 붙이기를, 그리고 후반 35개 day에서는 문장의 뉘앙스 살리기를 순차적으로 익히실 수 있도록 탄탄하게 구성해 두었습니다. 또한 이 책의 여타 다른 기초 영어 도서들과의 차별점은, 내용의 접근 순서가 다르다는 것입니다. 강의를 단순 난이도 순으로 배열하지 않고, '구조의 확장 개념'을 기반으로 접근, 배치하였습니다. 확장의 개념을 이해한다면 난이도의 벽이 허물어질 수 있는데, 이 책을 통해 그 경험을 꼭 해보셨으면 합니다.

'상황에 맞는 응용 말하기를 쉽고 재미있게'

　이 책과 저의 강의를 통해 또 한 가지 알려드리고 싶었던 부분은 바로 '응용 방법'에 관한 것인데요. 익힌 문장은 그때그때 상황에 맞게 스스로 응용을 해서 사용해야 하는데, 실상 '그 방법'을 몰라서 못 하시는 분들이 정말 많다는 것을 느꼈습니다. 그래서 온라인 강의를 통해서는 영어를 처음 시작하시는 분들이 지루하고 어렵다고 느끼실 만한 부분들을 조금 더 쉽고, 재미있게 전달해 드리고자 특히 신경을 많이 썼으니 많은 도움이 되었으면 좋겠습니다.

성장을 위한 영어 여정, 함께 하는 한 권의 책

　영어는 단순히 기술을 배우는 것이 아닙니다. 여러분이 조금이라도 영어를 할 줄 알게 되시잖아요? 내가 보는 세상이 달라질 수 있습니다. 세상이 나를 달리 봐줄 수도 있습니다. 여행 갔을 때 내 옆에 앉은 외국인에게 가벼운 인사라도 건넬 수 있는 '나'와 그렇지 못하는 '나'는 아마 굉장히 다를 거예요. 저 역시 영어를 배우는 과정이 순탄치만은 않았고, 사실 지금도 계속 진행 중입니다만, 이 모든 과정은 분명 저를 성장시켰고, 또한 이렇게 여러분께 진정으로 도움이 되고자 하는, '동기'이자 '용기'가 되었습니다. 이 책이 부디 넘쳐나는 콘텐츠 속 영어 초심자분들의 선택의 고민을 조금이라도 덜어드렸으면 합니다. 초심이 필요할 때마다 곁에 두고 꺼내보는 책, 영어와 함께 걷는 여러분의 길에 이 책이 좋은 친구가 되길 바라봅니다.
　저 엘바가 보이지 않는 곳에서도 여러분을 항상 응원하겠습니다!

　**그리고 끝으로, 저의 이 두서없는 생각들을 하나로 모아 이렇게 의미 있는 한 권의 책으로 엮어내는 데 도움을 주신 모든 분께 특별한 감사의 말씀을 전하고 싶습니다.

엘바

'눈덩이 학습법'이란?

"눈덩이 굴리듯 그 순서대로만 말하면 그게 곧 영어의 순서!"

영어는 '핵심 정보에서 주변 정보의 순서로' 정보를 쌓아가는 언어입니다. '주변 정보에서 핵심 정보의 순서'로 말하는 한국어 어순과는 거의 반대죠. 이러한 어순의 차이를 보이는 이유는 영어는 '청자 중심의 언어'이기 때문인데요. 듣는 사람이 내가 말하는 그 순서에 따라 머릿속에 그림을 그린다고 생각했을 때, 그 그림이 점점 이어지며 완성되는 순서로 단어를 연결하게 됩니다. 마치 눈덩이를 굴려 점점 크게 만드는 듯한 방식이죠. 즉, 누가-어쩐다(주어-동사)라는 뼈대(핵심 정보)를 기본으로 거기에 조금씩 살(주변 정보)을 덧붙이면 끝이죠.

예를 들어, "나 동료들이랑 식당에서 점심 먹는 중이야."는 어떻게 말할까요? 정보가 하나씩 이어져 점점 그림이 완성되는 순서로 말해주면 되는 것입니다.

누가 어쩐다?
▶ I have lunch

누구랑?
▶ my coworkers

어디서?
▶ a restaurant

이때, 자잘한 문법은 신경 쓰지 마세요. 우선 어순에 맞게 키워드를 바로바로 떠올릴 수 있는 게 중요합니다. 단어 연결을 하면서 의미에 맞게 문법을 다듬어 주면 돼요.

▶ **I'm hav**ing **lunch**
나는 점심 먹는 중이야

▶ **I'm hav**ing **lunch** with **my coworkers**
나는 동료들이랑 점심 먹는 중이야

▶ **I'm hav**ing **lunch** with **my coworkers** at **a restaurant.**
나는 동료들이랑 식당에서 점심 먹는 중이야.

즉, '눈덩이 학습법'의 핵심은?

- 한국어를 **그림(상황)으로 치환**하고,
- **머릿속 그 그림을 '주어-동사-주변(배경)'의 순서로 연결**해서 말하는 것

우리가 영어를 하는 목적은 '소통'이죠. 상대방의 말을 내가 알아듣고, 하고 싶은 말이 떠오르는 즉시 영어로 뱉을 수만 있으면 되는데요. 앞으로 100일의 훈련을 통해 한국어를 그림으로 치환하고, 그 그림을 영어로 풀어내는 방식으로 말하는 방법을 배우게 될 것입니다. 그러면 시험 공부하듯 문법을 배우지 않아도 나도 모르게 술술 영어 문장을 말하게 되고, 자연스럽게 영어의 어순과 영어식 사고방식도 익힐 수 있게 될 것입니다.

이 책의 구성과 특징

Learning point

영어 말하기에 꼭 필요한 필수 문법 표현 등을
엘바쌤이 쉽고 간결하게, 핵심 내용만 뽑아 알려드립니다.

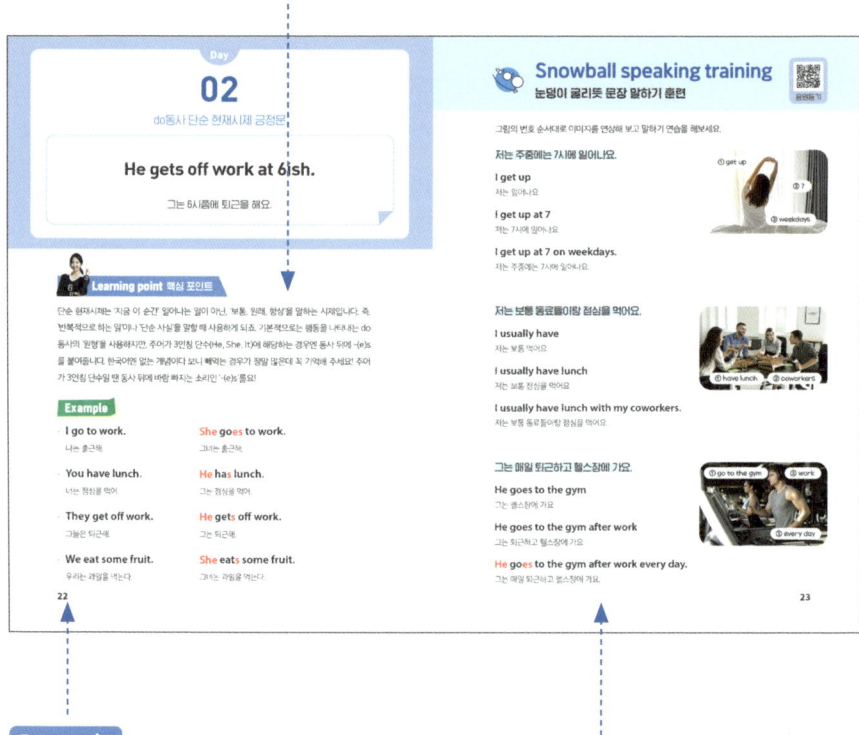

Example

다양한 예시를 통해 핵심 포인트를 확실하게 이해하실 수 있습니다.

Snowball speaking training

우리말을 이미지로 연상하며, 필요한 단어도 함께 생각해 보세요. 이 순서대로 연결하면 영어 문장이 쉽게 만들어집니다. 또한 조금씩 살을 덧붙이는 확장 과정을 통해 자연스럽게 영어 어순을 익히게 됩니다.

Challenge yourself

실생활에서 정말 쓸법한 문장들을 담았습니다.
눈덩이 훈련을 적용해 스스로 말하는 연습을 하고,
끊어 읽기로 영어 리듬감을 익혀보세요.

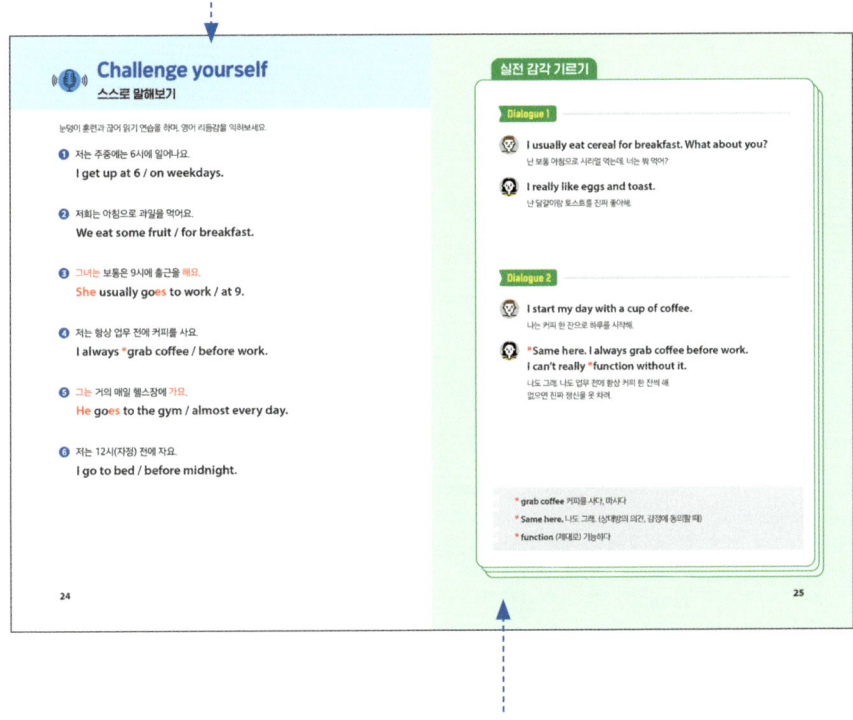

Dialogue

누구나 공감할 수 있는 대화로 실전 감각이 길러집니다. Challenge yourself의 예문과 Dialogue를 통해 어떻게 응용되는지 확인하실 수 있습니다.

학습 자료

❶ 스스로 문장 훈련 '미션노트' PDF

각 Day 학습이 끝난 후, 미션노트에 있는 문장들을 스스로 말해보세요. 새로운 문장뿐만 아니라 배웠던 문장도 포함하여 저절로 복습이 되도록 구성하였습니다.

❷ 학습 단어 총정리 '핵심 단어 500' PDF

각 Day마다 알아두면 좋을 핵심 단어를 정리하였습니다. 학습하기 전에 단어를 먼저 익히면 문장을 읽고 말해보는 것이 수월해지고, 학습 후에는 단어를 정리하는 복습용으로 활용하셔도 좋습니다.

PDF 학습 자료 다운로드 방법

① 시원스쿨 홈페이지(siwonschool.com)에 회원가입

② 로그인 후 [내 강의실 > 공부 자료실 > MP3 자료실]로 들어가기

③ 검색창에 '100일 만에 프리토킹' 검색 후 자료 다운로드

❸ 영어 기본 개념 정리 '무료 동영상 강의'

나만 모르는 것 같아 물어보기 부끄러웠던 영어 기초 필수 개념을 정리할 수 있는 강의입니다. 본 책 학습 전에 확인하시면 좋습니다. 시원스쿨 유튜브 채널에서 확인하실 수 있습니다.

❹ 학습 Q&A를 위한 '쌤과 톡톡 게시판'
학습하면서 궁금한 내용은 시원스쿨 사이트의 '쌤과 톡톡 게시판'에 물어보세요. 엘바 선생님이 직접 답변해 드립니다.

❺ 원어민 MP3
실용 문장들을 원어민 음원으로 들어보세요. 말하기뿐만 아니라 듣기에도 도움이 될 것입니다. 각 페이지의 QR을 통해 확인할 수 있습니다.

❻ 유료 강의
'100일 만에 프리토킹'은 시원스쿨 온라인 강의(유료)와 함께 학습하실 수 있습니다. 기초 학습자도 부담 없이 시작할 수 있도록 엘바쌤이 쉽고 간결하게, 그리고 재미있게 설명해 드립니다. 도서와 함께 하루하루 꾸준히 하신다면 자신 있는 영어 말하기 가능해지실 거예요.

본 책은 '엘바의 New 왕초보탈출 1~3탄' 강의 내용을 한 권에 담았습니다.
- Part 1 내 말의 기본 뼈대 잡기- '엘바의 New 왕초보탈출 1탄'
- Part 2 내 말에 살 붙이기- '엘바의 New 왕초보탈출 2탄'
- Part 3 내 말의 뉘앙스 살리기- '엘바의 New 왕초보탈출 3탄'

차례

프롤로그 004
'눈덩이 학습법'이란? 006
이 책의 구성과 특징 008
학습 자료 010

Part 1   내 말의 기본 뼈대 잡기

Day 01   영어의 비밀이 풀리는 '눈덩이 굴리듯 말하기'   018
한 남자가 공원에서 강아지랑 함께 달리고 있어.

Day 02   do동사 단순 현재시제 긍정문   022
그는 6시쯤에 퇴근을 해요.

Day 03   빈도부사, 기타 빈도 표현   026
난 3개월에 한 번씩 미용실에 가.

Day 04   do동사 단순 현재시제 부정문   030
그녀는 단 걸 안 좋아해요.

Day 05   do동사 단순 과거시제 긍정문   034
작년에 학교 때문에 다른 도시로 이사를 갔어요.

Day 06   do동사 단순 과거시제 부정문   038
나 그거 일부러 그런 거 아니야.

Day 07   do동사 단순 현재/과거시제 긍정/부정문 복습   042
나 지난 금요일에 일 끝나고 헬스장 안 갔어.

Day 08   발음 좋아지는 꿀팁 5가지   046
Drake는 그의 가족에 대해 얘기 중이야.

Day 09   한정사, 명사의 단/복수 존재의 이유   050
네 신발 예쁘다!

Day 10   be동사 + 명사/형용사/장소 전치사구 긍정문   054
여기 전부 다 되게 크리스마스 느낌 난다.

Day 11   be동사 + 명사/형용사/장소 전치사구 부정문   058
이거 그렇게 달진 않네.

Day 12   be동사 단순 현재/과거시제 의문문   062
이거 네 재킷이야?

Day 13	do동사 단순 현재시제 의문문	**066**
	그녀가 해산물을 좋아하나?	
Day 14	do동사 단순 과거시제 의문문	**070**
	너 그거 들었어?	
Day 15	do, be동사 의문문 짬뽕 파티	**074**
	피곤해? 어제 일했어?	
Day 16	의문사 있는 do동사 의문문	**078**
	우리 컵 몇 개 필요해?	
Day 17	의문사 있는 be동사 의문문 (1)	**082**
	저 가방들은 뭐야?	
Day 18	의문사 있는 be동사 의문문 (2)	**086**
	지하철 역이 얼마나 멀어요?	
Day 19	수상한 의문문(의문사+동사)	**090**
	이거 누가 만들었어?	
Day 20	영어 감각 - '나는 OO인 사람이다'	**094**
	제 아들은 당근을 안 먹어요.	
Day 21	There is/are 명사. '~가 있다'	**098**
	디저트 배는 항상 있죠!	
Day 22	Is there ~? '~가 있나요?'	**102**
	이 두 휴대폰 사이에 차이가 좀 있나요?	
Day 23	감각동사	**106**
	되게 낯이 익으시네요.	
Day 24	현재진행시제 긍정/부정문	**110**
	봐봐! 누가 저기서 춤춘다!	
Day 25	현재진행시제 의문문	**114**
	너 뭐 찾아?	
Day 26	과거진행시제 긍정/부정/의문문	**118**
	그녀는 거기서 뭐 하고 있던 거야?	
Day 27	You're being 형용사.	**122**
	왜 이렇게 예민하게 구는 거야 오늘?	
Day 28	단순 현재시제 VS. 현재진행시제	**126**
	오늘 치마 입었네! 너 원래 치마 안 입잖아.	
Day 29	현재완료 경험 의문문	**130**
	전에 여기 와보신 적 있으세요?	
Day 30	현재완료 경험 긍정/부정문	**134**
	저 거기 한 번 가본 적 있어요.	

Part 2 내 말에 살 붙이기

Day 31	조동사 can VS. could 이걸 배경으로 찍어주실 수 있을까요?	**138**
Day 32	조동사 can VS. will 못 하는 거야 아님 안 하겠다는 거야?	**142**
Day 33	조동사 will VS. would 저 2명 저녁 예약하고 싶어요.	**146**
Day 34	How could you ~? '너 어떻게 ~할 수가 있어?' 어떻게 못 알아챌 수가 있어?	**150**
Day 35	미래 표현 will VS. be going to VS. be Ving 나 오늘 저녁에 나가려고 해.	**154**
Day 36	'~해야 한다' should VS. have to 우리 환전을 좀 해야 하려나?	**158**
Day 37	You don't have to ~, if 주어+동사 '~할 필요 없어 네가 ~한다면' 너 거기 안 가도 돼, 네가 원치 않으면.	**162**
Day 38	have로 사물의 특징 표현하기 1 이 영상은 100만 뷰를 찍었어요!	**166**
Day 39	have로 사람의 특징 표현하기 나 다리에 쥐 났어.	**170**
Day 40	have로 사물의 특징 표현하기 2 이 탁자는 모서리가 날카롭네.	**174**
Day 41	영어와 한국어의 차이 이해하기 여기가 어디죠?	**178**
Day 42	찌끄레기(부사)의 개념 - to부정사(~하려고) 나 살 빼려고 유산소 해.	**182**
Day 43	찌끄레기(부사)의 개념 - 현재분사(~하면서) 나 아무것도 안 하고 그냥 집에 있었어.	**186**
Day 44	찌끄레기(부사)의 개념 - 접속사 when(~할 때) 저는 그를 중학교 때 처음 만났어요.	**190**
Day 45	왜냐하면, 때문에 because VS. since 네가 나 도와줬으니까 점심은 내가 살게.	**194**
Day 46	'~임에도 불구하고' although VS. even if 비록 우리 팀이 졌지만, 좋은 경기였다.	**198**
Day 47	가정, 상상하는 상황 if로 표현하기 내가 너라면, 난 그냥 그녀에게 물어볼 것 같아.	**202**

Day 48	What if / What do you mean 주어 + 동사 ~?	206
	너 그걸 잃어버렸다니 그게 무슨 소리야?	
Day 49	현재완료시제 VS. 과거시제	210
	야, 너 진짜 하나도 안 변했다.	
Day 50	just와 어울리는 현재완료시제 (~했다)	214
	나 방금 막 도착했어!	
Day 51	현재완료시제 (계속 ~해왔다)	218
	당신에 대한 이야기를 많이 들었어요.	
Day 52	How long have 주어 ~? '~를 얼마나 계속해 왔니?'	222
	너희 만난 지 얼마나 됐어?	
Day 53	현재완료시제 since 확장 연습	226
	나 오늘 아침에 바나나 하나 먹고 지금까지 아무것도 안 먹었어.	
Day 54	현재완료진행시제	230
	저는 여기서 일주일 전부터 지내고 있어요.	
Day 55	How long has it been since ~? '~한 지 얼마나 됐지?'	234
	걔… 전 여친이랑 헤어진 지 일주일밖에 안 됐잖아.	
Day 56	배운 시제 총복습	238
	작년에 그와 함께 일했고, 그에게서 많이 배웠어요.	
Day 57	How long does it take to V ~? '~하는데 시간이 얼마나 걸리나요?'	242
	아침에 머리하는 데 얼마나 걸려?	
Day 58	so ~ that 주어 + 동사 '너무 ~해서 ~~하다'	246
	음식이 너무 맛있어서 제가 알레르기가 있는 것도 까먹었어요.	
Day 59	to부정사의 명사 수식 (~할)	250
	우리는 무언가를 할 시간이 없어요.	
Day 60	뒤에서 수식을 받는 -thing으로 끝나는 단어	254
	밑져야 본전이야.	
Day 61	명사를 꾸며주는 형용사 덩어리- 현재분사	258
	저기 앉아 있는 저 잘생긴 사람 누구야?	
Day 62	명사를 꾸며주는 형용사 덩어리- 주격관계대명사 who	262
	좀 전에 아메리카노 하나 주문한 여자분 낯이 되게 익네.	
Day 63	명사를 꾸며주는 형용사 덩어리- 목적격관계대명사 1 which, that	266
	우리 어제 먹은 떡볶이 너무 매웠어.	
Day 64	명사를 꾸며주는 형용사 덩어리- 목적격관계대명사 2	270
	내가 자주 가는 카페는 역 근처에 있어.	
Day 65	what (~한 것)	274
	제가 온라인으로 주문한 건 이건데, 이게 왔네요.	

Part 3   내 말의 뉘앙스 살리기

Day 66 to부정사 (~하기, 하는 것) 278
안 웃으려고 노력 중이야.

Day 67 동명사 (~하기, 하는 것) 282
그것에 대해서 그만 생각해!

Day 68 to부정사, 동명사 모두 쓰일 수 있는 동사 286
저는 긴 줄 기다리는 거 안 좋아해요.

Day 69 to부정사, 동명사 (~하기, 하는 것) 복습 1 290
정말 긴장됐던 기억이 나. 좋은 인상을 주고 싶었거든.

Day 70 to부정사, 동명사 (~하기, 하는 것) 복습 2 294
전 운동하는 것을 싫어하지만, 한 번 해보기로 했어요!

Day 71 I want you to V / Do you want me to V? 패턴 익히기 298
내가 데리러 갈까?

Day 72 I told you to V / Tell him to V 패턴 익히기 302
그녀보고 나한테 전화 좀 해달라고 해줘.

Day 73 '의문사 + to부정사' 덩어리 학습 306
얼마큼 따르면 되는지 그냥 말해줘.

Day 74 명사 덩어리 집중 학습 310
나는 그녀가 사무실을 떠났다는 걸 몰랐어.

Day 75 I don't remember ~. / Do you know ~? 패턴에 명사 덩어리(wh-) 결합 314
그게 언제였는지 기억나?

Day 76 I don't know ~. / I was just wondering ~. 패턴에 명사 덩어리(if) 결합 318
그 영화가 넷플릭스에 있나 모르겠네.

Day 77 다양한 문장 패턴에 명사 덩어리(wh-, if) 결합하여 말해보기 복습 322
너 우리 차 어디다 세웠는지 기억나?

Day 78 I thought ~. / I didn't know ~. 패턴에 명사 덩어리(that) 결합 326
난 네가 매운 음식을 안 좋아한다고 생각했어.

Day 79 'This is how/why/when 주어 + 동사' 구조로 영어식 사고 기르기 330
이래서 우리가 친구인 거야.

Day 80 the other, another 334
그 하얀 게 나머지 저거보다 더 낫다.

Day 81 used to (~하곤 했었어) 338
저 예전에는 수줍음 엄청 많이 탔었어요.

Day 82 지각동사 342
난 그가 이렇게 우는 걸 본 적이 없어.

Day 83	수동태 1	346
	와이파이 비밀번호 벽에 써 있어.	
Day 84	수동태 2	350
	그거 영어로 뭐라고 불려요(해요)?	
Day 85	수동태 3	354
	내 차 어제 견인됐었어.	
Day 86	get + 목적어 + p.p. 구조 익히기	358
	나는 뿌리 염색을 거의 2달에 한 번씩 해.	
Day 87	비교급	362
	이거 더 큰 사이즈로 있어요?	
Day 88	최상급	366
	이 피자 내가 여태껏 먹어본 것 중에 제일 맛있어!	
Day 89	should have p.p. (~했어야 했어)	370
	너 그가 춤추는 걸 봤었어야 되는데.	
Day 90	could have p.p. (~할 수도 있었는데)	374
	이만한 게 다행이야.	
Day 91	might have p.p. (~했을지도 몰라)	378
	너 그거 거기 카페에 두고 온 거 같은데...	
Day 92	shouldn't have p.p. (그러지 말았어야 했는데)	382
	차 가져오지 말걸...	
Day 93	couldn't have p.p. (못했을 거야, 못했을 수도 있어)	386
	너의 도움 아니었으면 난 못했을 거야.	
Day 94	be supposed to(원래 그런 거다) 긍정/부정문	390
	그 재킷은 원래 좀 크게 입는 거예요.	
Day 95	be supposed to(원래 그런 거다) 의문문	394
	너 원래 지금 회사에 있어야 되는 거 아냐?	
Day 96	get used to 명사(~에 익숙해지다)	398
	추운 날씨에 적응이 되고 있어.	
Day 97	가주어 it	402
	점심 먹고 나서 커피를 안 마신다는 건 이상해.	
Day 98	간접의문문 응용 1	406
	너 거기서 얼마나 일했다고 했지?	
Day 99	간접의문문 응용 2	410
	저 몇 살일 것 같으세요?	
Day 100	강조의 do	414
	너 땡기긴 하잖아, 그렇지?	

Day 01

영어의 비밀이 풀리는 '눈덩이 굴리듯 말하기'

A guy is running with his dog in the park.

한 남자가 공원에서 강아지랑 함께 달리고 있어.

Learning point 핵심 포인트

'화자' 중심의 언어인 한국어와는 달리 '청자' 중심의 언어인 영어는 곳곳에 이러한 사고방식이 반영되어 있는데요. 그중 가장 대표적인 것이 바로 '어순'입니다. 영어는 화자가 말하는 그 순서에 따라 청자가 머릿속에 그림을 그린다고 했을 때, 그 정보가 하나씩 이어져 점점 그림이 완성되는 순서로 말합니다. 즉, 구체적으로 묘사할 수 있는 단어(주어-동사)로 작은 뼈대를 잡고, 마치 눈덩이가 점점 커지듯 정보를 확장해 나가는 식이죠. 주소를 말하는 순서만 봐도 한국어와 영어가 상황을 그려내는 순서가 완전히 반대라는 것을 알 수가 있습니다. 이제 한국어 문장을 하나하나 번역해서 말하기보단, 앞으로 100일의 훈련을 통해 한국어를 그림(상황)으로 치환하고, 그 그림을 영어로 풀어내는 방식으로 말하는 방법을 체득해 볼 예정입니다.

Example

- **put the phone → in a bag**
  가방에 폰을 넣는다

- **a café → near the Eiffel Tower**
  에펠탑 근처에 있는 카페

Snowball speaking training
눈덩이 굴리듯 문장 말하기 훈련

그림의 번호 순서대로 이미지를 연상해 보고 말하기 연습을 해보세요.

한 남자가 공원에서 강아지와 함께 달리고 있어.

A guy is running
한 남자가 달리고 있어

A guy is running with his dog
한 남자가 강아지와 함께 달리고 있어

A guy is running with his dog in the park.
한 남자가 공원에서 강아지와 함께 달리고 있어.

한 여자가 소파 아래서 뭔가를 찾고 있는 중이야.

A woman is looking for
한 여자가 찾고 있는 중이야

A woman is looking for something
한 여자가 뭔가를 찾고 있는 중이야

A woman is looking for something under the couch.
한 여자가 소파 아래서 뭔가를 찾고 있는 중이야.

Chris는 카페에서 동료들과 미팅을 하고 있어.

Chris is having a meeting
Chris는 미팅을 하고 있어

Chris is having a meeting with his coworkers
Chris는 동료들과 미팅을 하고 있어

Chris is having a meeting with his coworkers at a café.
Chris는 카페에서 동료들과 미팅을 하고 있어.

Challenge yourself
스스로 말해보기

눈덩이 훈련과 끊어 읽기 연습을 하며, 영어 리듬감을 익혀보세요.

1 그거 테이블 위에 올려뒀어.
   I left it / on the table.

2 나 로비로 내려간다.
   I'm going down / to the lobby.

3 나 공항 가는 길이야.
   I'm on my way / to the airport.

4 나 리모컨 좀 줄래?
   Can you pass me the *remote, / please?

5 나 어제 코스트코에서 너희 언니 봤어.
   I saw your sister / at Costco / yesterday.

6 나 다른 단톡방에 메시지를 잘못 보냈어...
   I sent a message / to the *wrong group chat.

실전 감각 기르기

Dialogue 1

 What do you usually do on weekends?
주말에 보통 뭐 해?

 I play tennis → with my girlfriend → on *Sunday mornings.
저는 일요일 아침마다 여친이랑 테니스 쳐요.

Dialogue 2

 What happened?
무슨 일인데?

 I saw a couple → arguing → on the street.
길에서 한 커플이 싸우고 있는 걸 봤어.

---

* **remote** 리모컨(remote control)
* **wrong** 엉뚱한, 잘못된
* **Sunday mornings** 일요일 아침마다

Day 02

do동사 단순 현재시제 긍정문

He gets off work at 6ish.

그는 6시쯤에 퇴근을 해요.

Learning point 핵심 포인트

단순 현재시제는 '지금 이 순간' 일어나는 일이 아닌, '보통, 원래, 항상'을 말하는 시제입니다. 즉, '반복적으로 하는 일'이나 '단순 사실'을 말할 때 사용하게 되죠. 기본적으로는 행동을 나타내는 do동사의 '원형'을 사용하지만, 주어가 3인칭 단수(He, She, It)에 해당하는 경우엔 동사 뒤에 -(e)s를 붙여줍니다. 한국어엔 없는 개념이다 보니 빼먹는 경우가 정말 많은데 꼭 기억해 주세요! 주어가 3인칭 단수일 땐 동사 뒤에 바람 빠지는 소리인 '-(e)s'를요!

Example

- **I go to work.**
  나는 출근해.

- **You have lunch.**
  너는 점심을 먹어.

- **They get off work.**
  그들은 퇴근해.

- **We eat some fruit.**
  우리는 과일을 먹는다.

- **She goes to work.**
  그녀는 출근해.

- **He has lunch.**
  그는 점심을 먹어.

- **He gets off work.**
  그는 퇴근해.

- **She eats some fruit.**
  그녀는 과일을 먹는다.

Snowball speaking training
눈덩이 굴리듯 문장 말하기 훈련

그림의 번호 순서대로 이미지를 연상해 보고 말하기 연습을 해보세요.

저는 주중에는 7시에 일어나요.

I get up
저는 일어나요

I get up at 7
저는 7시에 일어나요

I get up at 7 on weekdays.
저는 주중에는 7시에 일어나요.

저는 보통 동료들이랑 점심을 먹어요.

I usually have
저는 보통 먹어요

I usually have lunch
저는 보통 점심을 먹어요

I usually have lunch with my coworkers.
저는 보통 동료들이랑 점심을 먹어요.

그는 매일 퇴근하고 헬스장에 가요.

He goes to the gym
그는 헬스장에 가요

He goes to the gym after work
그는 퇴근하고 헬스장에 가요

He goes to the gym after work every day.
그는 매일 퇴근하고 헬스장에 가요.

Challenge yourself
스스로 말해보기

눈덩이 훈련과 끊어 읽기 연습을 하며, 영어 리듬감을 익혀보세요.

① 저는 주중에는 6시에 일어나요.
I get up at 6 / on weekdays.

② 저희는 아침으로 과일을 먹어요.
We eat some fruit / for breakfast.

③ 그녀는 보통은 9시에 출근을 해요.
She usually goes to work / at 9.

④ 저는 항상 업무 전에 커피를 사요.
I always *grab coffee / before work.

⑤ 그는 거의 매일 헬스장에 가요.
He goes to the gym / almost every day.

⑥ 저는 12시(자정) 전에 자요.
I go to bed / before midnight.

실전 감각 기르기

Dialogue 1

 I usually eat cereal for breakfast. What about you?
난 보통 아침으로 시리얼 먹는데. 너는 뭐 먹어?

 I really like eggs and toast.
난 달걀이랑 토스트를 진짜 좋아해.

Dialogue 2

 I start my day with a cup of coffee.
나는 커피 한 잔으로 하루를 시작해.

 *Same here. I always grab coffee before work. I can't really *function without it.
나도 그래. 나도 업무 전에 항상 커피 한 잔씩 해.
없으면 진짜 정신을 못 차려.

---

* **grab coffee** 커피를 사다, 마시다
* **Same here.** 나도 그래. (상대방의 의견, 감정에 동의할 때)
* **function** (제대로) 기능하다

Day 03

빈도부사, 기타 빈도 표현

I go to the hair salon (once) every three months.

난 3개월에 한 번씩 미용실에 가.

Learning point 핵심 포인트

단순 현재시제는 '보통/원래/항상'을 말하는 시제였죠? '주어-동사' 뼈대에 단순 현재시제를 사용하면, '누가 보통/원래/항상 어쩐다'를 의미하게 되죠. 여기에 빈도수를 나타내는 표현을 추가하면, 그 일이 '얼마의 빈도수로, 얼마나 자주' 반복되는지를 말할 수 있게 됩니다. 영어로 말할 때 제일 먼저 떠올려야 하는 건 바로 '횟수' 즉, '몇 번이라고?'를 가장 먼저 생각해 볼 것!

Example

- **three times a week**
  일주일에 세 번

- **once or twice a month**
  한 달에 한두 번

- **every other day**
  격일로(하루걸러 하루)

- **(once) every three months**
  3개월에 한 번

Snowball speaking training
눈덩이 굴리듯 문장 말하기 훈련

그림의 번호 순서대로 이미지를 연상해 보고 말하기 연습을 해보세요.

저는 6개월에 한 번씩 치과에 가요.

I go
저는 가요

I go to the dentist
저는 치과에 가요

I go to the dentist (once) every six months.
저는 6개월에 한 번씩 치과에 가요.

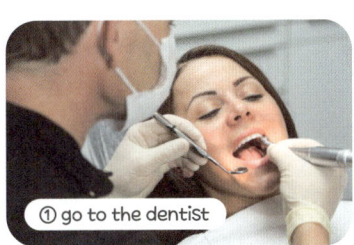

그녀는 격일로 헬스장에 가요.

She goes
그녀는 가요

She goes to the gym
그녀는 헬스장에 가요

She goes to the gym every other day.
그녀는 격일로 헬스장에 가요.

그는 한 달에 한 번 친구랑 골프를 쳐요.

He plays golf
그는 골프를 쳐요

He plays golf with his friend
그는 친구랑 골프를 쳐요

He plays golf with his friend once a month.
그는 한 달에 한 번 친구랑 골프를 쳐요.

Challenge yourself
스스로 말해보기

눈덩이 훈련과 끊어 읽기 연습을 하며, 영어 리듬감을 익혀보세요.

① 그는 여친이랑 일주일에 한 번씩 테니스를 쳐요.
He plays tennis / with his girlfriend / once a week.

② 저흰 적어도 한 달에 한두 번 외식하는 것 같아요.
***I think / we *eat out / at least / once or twice a month.**

③ 그녀는 2주에 한 번씩 세차를 해요.
She washes her car / (once) every two weeks.

④ 그는 한 달에 한두 번 아내랑 캠핑을 가.
He goes camping / with his wife / once or twice a month.

⑤ 제 남친은 거의 매일 운동을 해요.
My boyfriend works out / almost every day.

⑥ 저는 2~3일에 한 번씩 빨래해요.
I do the laundry / (once) every two or three days.

실전 감각 기르기

Dialogue 1

 *How often do you guys eat out?
너희는 얼마나 자주 외식해?

 I think we eat out once or twice a month.
우린 한 달에 한두 번 외식하는 것 같아.

Dialogue 2

 Do you work out?
너 운동해?

 Yep, I go to the gym every two or three days.
응, 나 2~3일에 한 번씩은 헬스장에 가.

* I think + 문장 ~인 것 같아, ~라고 생각해
* eat out 외식하다
* How often ~? 얼마나 자주 ~?

Day 04

do동사 단순 현재시제 부정문

> ## She doesn't like sweets.
>
> 그녀는 단 걸 안 좋아해요.

Learning point 핵심 포인트

앞서 단순 현재시제를 사용해서 '누가 보통/원래/항상 어쩐다'를 표현해 봤죠? 이번엔 반대로 '어떤 행동을 하지 않는다'라고 do동사를 부정할 경우엔 do에 부정어 not을 붙여 do not, 줄여서 don't를 붙여줍니다. '간다'는 go, '안 간다'는 don't go. 한 가지 기억할 부분은 주어가 3인칭 단수(He, She, It)일 경우엔 don't 대신 do에 -es를 붙여 doesn't를 사용한다는 점! 소리로 기억하세요. 'She doesn't go ~, He doesn't go ~ 더즌 고 ~ 더즌 고 ~'

Example

- **I like - I don't like   /   She likes - She doesn't like**
  나는 좋아한다   나는 안 좋아한다   그녀는 좋아한다   그녀는 안 좋아한다

- **I wear - I don't wear   /   She wears - She doesn't wear**
  나는 입어   나는 안 입어   그녀는 입어   그녀는 안 입어

- **I work - I don't work   /   He works - He doesn't work**
  나는 일해   나는 일 안 해   그는 일해   그는 일 안 해

- **I read - I don't read   /   He reads - He doesn't read**
  나는 읽어   나는 안 읽어   그는 읽어   그는 안 읽어

Snowball speaking training
눈덩이 굴리듯 문장 말하기 훈련

그림의 번호 순서대로 이미지를 연상해 보고 말하기 연습을 해보세요.

그는 회사에 청바지를 입고 가지 않아요.

He doesn't wear
그는 입지 않아요

He doesn't wear jeans
그는 청바지를 입지 않아요

He doesn't wear jeans to work.
그는 회사에 청바지를 입고 가지 않아요.

저는 혼자서 공포영화를 안 봐요.

I don't watch
저는 안 봐요

I don't watch horror movies
저는 공포영화를 안 봐요

I don't watch horror movies alone.
저는 혼자서 공포영화를 안 봐요.

저는 부모님께 사랑한다고 거의 말 안 해요.

I *rarely say
저는 거의 말 안 해요

I rarely say "I love you."
저는 사랑한다고 거의 말 안 해요

I rarely say "I love you." to my parents.
저는 부모님께 사랑한다고 거의 말 안 해요.

Challenge yourself
스스로 말해보기

눈덩이 훈련과 끊어 읽기 연습을 하며, 영어 리듬감을 익혀보세요.

❶ 그녀는 전자레인지를 그렇게 자주 사용하진 않아요.
   She doesn't use a microwave / *that often.

❷ 우린 그 단어 거의 안 써요.
   We rarely use that word.

❸ 그는 술을 안 마셔요.
   He doesn't drink.

❹ 그는 절대 "싫다, 아니다(거절)"를 안 해.
   He never says, / "No.".

❺ 그는 SNS에 포스팅을 거의 안 해.
   He rarely posts / on social media.

❻ 저는 평소에 화장 안 해요.
   I usually don't wear makeup.

실전 감각 기르기

Dialogue 1

She has a lot of followers, right?
그녀는 팔로워 많지, 그치?

Not really. She rarely posts on social media.
딱히(그다지). 그녀는 SNS에 포스팅을 거의 안 해서.

Dialogue 2

You never leave the house without makeup on?
화장 안 하고는 절대 집 밖에 안 나간다고?

Nope, never! I usually don't wear makeup on weekends, *though.
응, 절대! 주말에는 보통 화장 안 해 근데.

---

* **rarely** 드물게, 좀처럼 ~하지 않는
* **that** 그렇게
* **though** 그렇지만, 하지만

Day 05

do동사 단순 과거시제 긍정문

> **Last year, I moved to a different city for university.**
> 작년에 학교 때문에 다른 도시로 이사를 갔어요.

Learning point 핵심 포인트

영어에서는 '-d, -t'가 '시간적(상황적/사회적) 거리감'을 보여주는데요. 그래서 현재와 거리감이 있는 과거를 표현하기 위해 동사원형에 보통 -(e)d를 붙여줍니다. 과거형은 주어가 3인칭 단수라 해도 모두 동일한 형태를 사용해요. '일하다'는 work, '일했다'는 worked가 되겠죠? 그런데 이 규칙을 깨는 동사들이 좀 있어요. 그런 동사들의 과거형은 암기가 필요합니다만 다행인 건, 그런 과거형조차 보통은 '-d, -t'로 끝난다는 사실!

Example

한국어		영어	
일하다	일했다	work	worked
전화하다	전화했다	call	called
머물다	머물렀다	stay	stayed
이사하다	이사했다	move	moved
가다	갔다	go	went
만나다	만났다	meet	met
말하다	말했다	tell	told

Snowball speaking training
눈덩이 굴리듯 문장 말하기 훈련

그림의 번호 순서대로 이미지를 연상해 보고 말하기 연습을 해보세요.

그는 지난주에 재택근무했어.

He worked
그는 일했어

He *worked from home
그는 집에서 일했어(재택근무했어)

He work*ed* from home last week.
그는 지난주에 재택근무했어.

우리는 어젯밤에 2시간 동안 통화했어.

We talked
우리는 얘기했어

We talked on the phone
우리는 전화로 얘기했어(통화했어)

We talk*ed* on the phone for two hours last night.
우리는 어젯밤에 2시간 동안 통화했어.

내가 그 책들 테이블 위에 놔뒀어.

I left
내가 놔뒀어

I left the books
내가 그 책들 놔뒀어

I *left* the books on the table.
내가 그 책들 테이블 위에 놔뒀어.

Challenge yourself
스스로 말해보기

눈덩이 훈련과 끊어 읽기 연습을 하며, 영어 리듬감을 익혀보세요.

❶ 그는 오늘 아침에 5시에 일어났어.

He got up at 5 / this morning.

❷ 우리 저녁으로 치킨 먹었어.

We had chicken / for dinner.

❸ 그는 일주일 전에 돌아왔어.

He came back / a week ago.

❹ A: 나 새로 일 구했어.
B: 알아. 그가 나한테 얘기했어.

A: I got a new job.
B: I know. He told me.

❺ 사실 저는 제 남친을 헬스장에서 처음 만났어요.

Actually, / I first met my boyfriend / at the gym.

❻ 그녀가 나한테 며칠 전에 전화했었어.

She called me / *the other day.

36

실전 감각 기르기

Dialogue 1

 I went out last Sunday.
나 지난 일요일에 나갔어.

 You did? I just stayed at home and chilled.
그랬어? 난 그냥 집에 있으면서 쉬었어.

Dialogue 2

 So… you guys met at work, right?
그래서 너희 둘은 직장에서 만났지, 맞지?

 **Actually, we first met at the gym.
We just *hit it off because we both like exercise.**
사실 우리는 헬스장에서 처음 만났어. 둘 다 운동을 좋아해서 바로 잘 통했어.

---

* **work from home** 재택근무를 하다
* **the other day** 며칠 전에
* **hit it off** ~와 죽이 맞다, 잘 통하다

Day 06

do동사 단순 과거시제 부정문

I didn't mean it.

나 그거 일부러 그런 거 아니야.

Learning point 핵심 포인트

단순 과거시제 부정문은 '(과거 특정 시점에) 무언가를 하지 않았다'라는 의미죠. 이때는 do 대신 did를 사용해 did not(축약형 didn't)으로 표현합니다. 예를 들어, 'I did not go to the party. 나 She didn't like the movie.'와 같은 식이죠. 이때, did를 통해 이미 과거를 표현해 주었기 때문에 뒤에 오는 동사는 항상 원형을 사용한다는 점 잊지 마세요!

Example

- **I worked yesterday.**
  나 어제 일했어.

  I didn't work yesterday.
  나 어제 일 안 했어.

- **She bought it.**
  그녀는 그거 샀어.

  She didn't buy it.
  그녀는 그거 안 샀어.

- **We saw him.**
  우리는 그를 봤어.

  We didn't see him.
  우리는 그를 안 봤어.

- **I meant it.**
  나 진심이었어.

  I didn't mean it.
  나 그거 일부러 그런 거 아니야.

Snowball speaking training
눈덩이 굴리듯 문장 말하기 훈련

그림의 번호 순서대로 이미지를 연상해 보고 말하기 연습을 해보세요.

나 점심 먹고 커피 안 마셨어.

I didn't drink
나 안 마셨어

I didn't drink coffee
나 커피 안 마셨어

I didn't drink coffee after lunch.
나 점심 먹고 커피 안 마셨어.

그들은 토요일 밤에 파티에 오지 않았어요.

They didn't come
그들은 오지 않았어요

They didn't come to the party
그들은 파티에 오지 않았어요

They didn't come to the party on Saturday night.
그들은 토요일 밤에 파티에 오지 않았어요.

난 그녀에게서 그 프로젝트에 대한 얘기를 전혀 듣지 못했어.

I didn't hear anything
난 얘기를 전혀 듣지 못했어

I didn't hear anything from her
난 그녀에게서 얘기를 전혀 듣지 못했어

I didn't hear anything from her about the project.
난 그녀에게서 그 프로젝트에 대한 얘기를 전혀 듣지 못했어.

Challenge yourself
스스로 말해보기

눈덩이 훈련과 끊어 읽기 연습을 하며, 영어 리듬감을 익혀보세요.

❶ 나 내 커피 안 샀어(안 받았어).
   I didn't get my coffee.

❷ 걔네가 나한테 말 안 했어.
   They didn't tell me.

❸ 우리 지난 주말에 안 나갔어.
   We didn't go out / last weekend.

❹ 나 아무 말도 안 했어.
   I didn't say anything.

❺ 그녀는 어제 나한테 전화를 안 했어.
   She didn't call me / yesterday.

❻ 그는 작년에 그 워크숍에 참석 안 했어요.
   He didn't attend the workshop / last year.

실전 감각 기르기

Dialogue 1

 Oh, I'm sorry. I **didn't** mean it.
아, 미안해. 그런 뜻이 아니었어.

 It's okay. No worries.
괜찮아. 걱정 마.

Dialogue 2

 You enjoyed the party last night?
어젯밤에 파티 재밌었어?

 *Not really. I **didn't** know anyone there, so I *ended up leaving early.
그다지. 거기에 아는 사람이 아무도 없어서, 결국 일찍 나왔어.

* **Not really.** 그다지. 별로.
* **end up ~ing** 결국 ~하게 되다

Day 07

do동사 단순 현재 / 과거시제 긍정 / 부정문 복습

> **I didn't go to the gym after work last Friday.**
>
> 나 지난 금요일에 일 끝나고 헬스장 안 갔어.

Learning point 핵심 포인트

앞서 단순 현재와 과거시제를 익혀보았는데요. 시제에서 가장 중요한 것은 결국, 내가 의도하는 적절한 시제를 선택하고, 올바른 형태로 말할 줄 아는 것이죠. 이번 day에서는 '하나의 동사'를 가지고 현재/과거시제뿐만 아니라 긍정/부정문까지 빠르게 입 밖으로 내보는 연습을 해보려고 해요. 시제 변형을 정확하게 할 수 있어야 문장의 기본 뼈대, 즉 '주어＋동사'를 잡는 것의 일관성이 생기고, 또 그래야 기초 단계를 하루빨리 벗어날 수가 있답니다!

Example

- **drink coffee** 커피를 마시다

현재	I drink coffee.	I don't drink coffee.
과거	I drank coffee.	I didn't drink coffee.

- **know it** 그걸 알다

현재	He knows it.	He doesn't know it.
과거	He knew it.	He didn't know it.

- **rain** 비가 오다

현재	It rains.	It doesn't rain.
과거	It rained.	It didn't rain.

Snowball speaking training
눈덩이 굴리듯 문장 말하기 훈련

그림의 번호 순서대로 이미지를 연상해 보고 말하기 연습을 해보세요.

우리는 격주로 장을 보러 가.

We go
우리는 가

We *go grocery shopping
우리는 장을 보러 가

We go grocery shopping every other week.
우리는 격주로 장을 보러 가.

그녀는 장을 자주 보지 않아.

She doesn't go
그녀는 안 가

She doesn't go grocery shopping
그녀는 장을 보지 않아

She doesn't go grocery shopping very often.
그녀는 장을 자주 보지 않아.

나 지난주에 엄마랑 장을 보러 갔어.

I went
나 갔어

I went grocery shopping
나 장을 보러 갔어

I went grocery shopping with my mom last week.
나 지난주에 엄마랑 장을 보러 갔어.

Challenge yourself
스스로 말해보기

눈덩이 훈련과 끊어 읽기 연습을 하며, 영어 리듬감을 익혀보세요.

❶ 저는 일주일에 2~3번 운동가요.

I go to the gym / two or three times a week.

❷ 그녀는 헬스장 안 가요.

She doesn't go to the gym.

❸ 저는 겨울에는 헬스장 안 가요.

I don't go to the gym / in winter.

❹ 어제 운동 갔어.

I went to the gym / yesterday.

❺ 우린 지난 주말에는 운동 안 갔어.

We didn't go to the gym / last weekend.

❻ 그는 매일 운동을 가요.

He goes to the gym / every day.

실전 감각 기르기

Dialogue 1

 I didn't go to the gym last night.
나 어젯밤에 헬스장 안 갔어.

 You go every day, right?
너 매일 가잖아, 그렇지?

 I do, but I just needed a break.
응, 맞아, 근데 그냥 쉬고 싶었어.

Dialogue 2

 I saw you at the gym yesterday.
나 어제 헬스장에서 너 봤어.

 You saw ME? I didn't go to the gym. Maybe you saw *someone else.
나를 봤다고? 나 헬스장 안 갔어.
아마 다른 사람 봤을 거야.

---

* **go grocery shopping** 장을 보러 가다
* **someone else** 어떤 다른 사람

45

Day 08

발음 좋아지는 꿀팁 5가지

Drake is talking about his family.

Drake는 그의 가족에 대해 얘기 중이야.

Learning point 핵심 포인트

특별히 해외 경험이 많지 않은데도 영어가 빨리 늘고 잘하는 사람들의 공통점은 뭘까요? 바로 '영어를 하는 자신의 모습을 좋아한다는 점'인 것 같습니다. 그렇다 보니 아무래도 발음/억양 등이 좋은 경우가 많은 편이죠. 우리가 리스닝을 하다 보면 '알고 보니 아는 단어였네. 근데 못 알아듣겠어요.' 하는 경우가 정말 많지 않나요? 이는 '그들이 단어를 발음하는 소리, 속도'와 '내가 그 단어를 발음하는 소리, 속도'가 다르기 때문입니다. 즉, 같은 단어로 인식하지 못하는 것이죠. 결국 발음/강세 연습이 필요한 이유는 '말하기' 뿐만 아니라 '잘 듣기' 위해서입니다. 이번 day에서 다루는 5가지만 개선해도 내 영어의 발음/강세가 완전히 달라질 수 있을 거예요!

Example

- **My family loves opera.**
  [fㅔ 믈리]   [어쁘롸]

- **She is talking about her family.**
       [터낑   ㅇ바우럴   fㅔ 믈리]

- **What are you looking for?**
                [루낑]

- **Call me tonight.**
  [컬미   트나잇]

Snowball speaking training
눈덩이 굴리듯 문장 말하기 훈련

말하기뿐만 아니라 잘 듣기 위한 5가지 발음 꿀팁을 익히고 연습을 해보세요.

1 우리 강세는 '0' 아니면 '100'
→ 강세 주변부는 힘 빼고 '/ə/ [으]'로 말해보기

I bought a new camera and it's amazing.
　　　　　　　　['kæmərə 캐므러]　[ə'meɪzɪŋ 으메이징]

2 된소리
→ ㅋ,ㅌ,ㅍ 대신 ㄲ,ㄸ,ㅃ로 말해보기

I'm walking to the bookstore.
　　　　[워낑]　　　　　[북스또어r]

3 문제의 h
→ 중요하지 않은 단어의 맨 앞에 h는 없다고 생각하고 발음해 보기

He is in his room. → **in is room** [이니s 룸]

She is with her son. → **with er son** [위덜 썬]

4 dr [쥬-], tr [츄-]로 발음해 보기

The driver tried to stop the car at the traffic light.
　　　[쥬롸이버] [츄롸이ㄷ]　　　　　　　　　　[츄뤠ffic]

5 [ɔː]를 [오]가 아닌 [어]로 발음해 보기

We saw a tall tree in the park.
　　　[sɔː 써-]　[tɔːl 터얼]

47

Challenge yourself
스스로 말해보기

발음 팁을 적용하여 스스로 말하기 연습을 해보세요.

① 그냥 둘러보고 있는 거예요.
I'm just *looking around.

② 나는 그녀를 내 꿈에서 봤어요.
I saw her in my dream.

③ 나는 피부가 건조해.
I have dry skin.

④ 뭐 만드는 중이야?
What are you making?

⑤ Tracey는 그녀의 방에 있어.
Tracey is in her room.

⑥ 다시 해볼게요.
Let me try again.

실전 감각 기르기

Dialogue 1

 I'm starving.
배고파 죽겠다.

 Eat some tomatoes.
토마토 좀 먹어.

Dialogue 2

 I'm *looking for a gift for my friend.
나 친구한테 줄 선물을 좀 찾고 있는데.

 Then, let's *stop by the bookstore and then go to the apple store.
그러면 서점에 들렀다가 애플 스토어에 가자.

---

* **look around** 둘러보다
* **look for** 찾다
* **stop by** ~에 잠시 들르다

Day 09

한정사, 명사의 단/복수 존재의 이유

I love your shoes!

네 신발 예쁘다!

Learning point 핵심 포인트

영어는 화자가 말하는 것을 청자가 구체적으로 머릿속에 그릴 수 있는 방식으로 말하는 언어이기 때문에 '명사 앞에 붙는 a와 the, 단/복수 표현'과 같은 장치를 가지고 있답니다. 그냥 car라고 하면 듣는 사람은 '어떤 car를 말하는 건지 모호해서' 또렷한 그림을 떠올리기가 어렵죠. 그런데 the car라고 한다면 '너도, 나도 아는 그 차', a car는 '아무거나 어떤 차 한 대'를 의미하게 되죠. 같은 맥락으로 'this, that, my, his 등'도 명사 앞에 붙어 그 명사를 구체적으로 '탁' 짚어주는 역할을 한답니다!

Example

- **I bought a car last month.**
  저는 지난달에 차를 샀어요.

- **I sold the car.**
  나 그 차 팔았어.

- **Look at those cars!**
  저 차들 좀 봐봐!

- **He knows everything about cars.** ∴ 일반적인 것을 통칭할 때 복수형(-s) 사용!
  그는 차에 대해 모르는 게 없어.

Snowball speaking training
눈덩이 굴리듯 문장 말하기 훈련

그림의 번호 순서대로 이미지를 연상해 보고 말하기 연습을 해보세요.

핫소스 좀 건네줄래?

Can you
해줄래?

Can you pass me
건네줄래?

Can you pass me the hot sauce?
핫소스 좀 건네줄래?

나 ZARA에서 재킷 하나 샀어.

I bought
나 샀어

I bought a jacket
나 재킷 하나 샀어

I bought a jacket from ZARA.
나 ZARA에서 재킷 하나 샀어.

그는 나에게 이 꽃들을 줬어.

He gave
그는 줬어

He gave me
그는 나에게 줬어

He gave me these flowers.
그는 나에게 이 꽃들을 줬어.

Challenge yourself
스스로 말해보기

눈덩이 훈련과 끊어 읽기 연습을 하며, 영어 리듬감을 익혀보세요.

❶ 이 사진 봐봐.
Look at this photo.

❷ 네 신발 예쁘다!
I love your shoes!

❸ 걔 남친 있어.
She has a boyfriend.

❹ 이거 내 얘기 아니야.
This is not my story.

❺ 그는 여기서 엔지니어로 일해요.
He works here / as an engineer.

❻ 그 리모컨 좀 건네주시겠어요?
Can you pass me / the remote, / please?

실전 감각 기르기

Dialogue 1

 *How was the date?
데이트 어땠어?

 We had a great dinner and walked around the park.
저녁 맛있게 먹고 공원 주변 산책했어.

Dialogue 2

 I love your jacket!
네 재킷 예쁘다!

 Thanks! I bought this jacket from ZARA.
고마워. 나 이 재킷 자라에서 샀어.

* How was ~? ~는 어땠어?

Day 10

be동사 + 명사 / 형용사 / 장소 전치사구 긍정문

> **Everything here is so Christmassy.**
>
> 여기 전부 다 되게 크리스마스 느낌 난다.

Learning point 핵심 포인트

영어의 문장 구조는 크게 2가지로 나뉘는데요. 하나는 '주어가 어떠한 동작을 한다', 또 하나는 '주어는 OO이다/OO에 있다'라는 구조입니다. '나는 간다'는 전자의 구조(I go ~)이지만, '나는 선생님이다, 그녀는 귀여워.'에는 동작이 없죠? 이땐 후자의 구조가 됩니다. 저는 이 후자의 구조를 '저울 구조'라 부르는데요. 동작을 나타내는 do동사 대신 be동사(am, is, are)를 사용하고, '주어 =OO이다'의 의미를 나타냅니다. 즉, '나=선생님, 그녀=귀여운'과 같은 저울 구조가 되겠죠? 그리고 과거를 표현하고 싶다면 am, is 대신엔 was를, are 대신엔 were를 사용하면 됩니다!

Example

- **I am a teacher.**
  저는 선생님이에요.

- **She is cute.**
  그녀는 귀여워.

- **We are in New York.**
  우리는 뉴욕에 있어.

Snowball speaking training
눈덩이 굴리듯 문장 말하기 훈련

그림의 번호 순서대로 이미지를 연상해 보고 말하기 연습을 해보세요.

네 충전기 테이블 위에 있어.

Your charger
네 충전기

Your charger is on the table.
네 충전기 테이블 위에 있어.

제 남친과 저는 집돌이(집순이)예요.

My boyfriend
제 남친

My boyfriend and I
제 남친과 저

My boyfriend and I are homebodies.
제 남친과 저는 집돌이(집순이)예요.

저기 있는 저 카메라는 비싸요.

The camera
저 카메라

The camera over there
저기 있는 저 카메라

The camera over there is expensive.
저기 있는 저 카메라는 비싸요.

Challenge yourself
스스로 말해보기

눈덩이 훈련과 끊어 읽기 연습을 하며, 영어 리듬감을 익혀보세요.

① 주차장 꽉 찼어.
The parking lot / is full.

② 충전기 내 가방에 있어.
The charger / is in my bag.

③ 그들은 미팅룸에 있었어.
They were / in the meeting room.

④ 시리얼 눅눅해.
The cereal / is *soggy.

⑤ 나 어젯밤에 집에 있었어.
I was at home / last night.

⑥ 그 영화들 넷플릭스에 있어.
The movies / are on Netflix.

실전 감각 기르기

Dialogue 1

The parking lot is full.
주차장이 꽉 찼네요.

Is there another parking lot nearby?
근처에 다른 주차장이 있나요?

Yes, there is one down the street.
네, 길을 따라 조금 더 가면 있어요.

Dialogue 2

Everything here is so Christmassy.
여기 전부 다 되게 크리스마스 느낌 난다.

**Yes, it *gives off a *cozy vibe.
It is just the perfect place for Christmas!**
응, 아늑한 분위기가 나네. 크리스마스에 딱이다 여기!

---

* **soggy** 눅눅한
* **give off** (분위기를) 풍기다
* **cozy vibe** 아늑한 분위기

Day 11

be동사 + 명사 / 형용사 / 장소 전치사구 부정문

It is not that sweet.

이거 그렇게 달진 않네.

Learning point 핵심 포인트

'나는 선생님이다, 그녀는 귀여워, 우리는 뉴욕에 있어'처럼 동작이 없고, '주어는 OO이다/OO에 있다'라는 의미를 가진 구조를 '저울 구조'라고 부르기로 했었죠? 동사 자리엔 be동사(am, is, are, was, were)가 쓰이고요. 이번 day에서는 이를 부정하는 방법을 알아볼 텐데요. 즉, '주어는 OO가 아니다/OO에 있지 않다'의 의미를 주고 싶다면, be동사 바로 뒤에 not만 붙여주면 끝입니다. 정말 간단하죠?

Example

- I **am not** a teacher.
  나는 선생님이 아니야.

- She **is not** cute.
  그녀는 귀엽지 않아.

- We **are not** in New York.
  우리는 뉴욕에 있지 않아.

Snowball speaking training
눈덩이 굴리듯 문장 말하기 훈련

그림의 번호 순서대로 이미지를 연상해 보고 말하기 연습을 해보세요.

전 그의 여자친구가 아니에요.

I am not
전 아니에요

I am not his girlfriend.
전 그의 여자친구가 아니에요.

이거 그렇게 맵진 않아.

It is not
이건 아니야

It is not that spicy.
이거 그렇게 맵지는 않아.

그들은 회의실 안에 없어요.

They are not
그들은 없어요

They are not in the meeting room.
그들은 회의실 안에 없어요.

59

Challenge yourself
스스로 말해보기

눈덩이 훈련과 끊어 읽기 연습을 하며, 영어 리듬감을 익혀보세요.

❶ 밖에 엄청 춥지 않아.
   It is not / *freezing outside.

❷ 물 그렇게 안 깊었어.
   The water was not / that deep.

❸ 그녀는 그렇게 키가 크진 않아.
   She is not / that tall.

❹ 그게 그렇게 중요하진 않았어.
   That was not / that important.

❺ 스트레스는 네 건강에 좋지 않아.
   Stress is not good / for your health.

❻ 이거 제 커피 아니에요.
   This is not / my coffee.

실전 감각 기르기

Dialogue 1

*How's the smoothie?
스무디 어때?

It **is not** that sweet. I like it this way.
그렇게 달지 않네요. 지금 이게 저는 좋아요.

Dialogue 2

The WiFi connection **is not** good.
와이파이 연결 상태가 좋지 않네.

That's strange. It was fine *earlier today.
이상하네. 오늘은 아까 괜찮았는데.

---

* **freezing** 꽁꽁 얼게 추운, 너무 추운
* **How is ~? (= How's ~)** ~는 어때?
* **earlier** 아까, 앞서

Day

12

be동사 단순 현재 / 과거시제 의문문

Is this your jacket?

이거 네 재킷이야?

Learning point 핵심 포인트

앞서 '주어는 OO이다' 혹은 '주어는 OO가 아니다'의 문장구조에 대해 익혀봤는데요. 그렇다면 '주어는 OO이니/OO에 있니?'와 같은 의문문은 어떻게 만들까요? 동사 자리에 쓰인 be동사(am, is, are, was, were)를 맨 앞으로 가져오기만 하면 끝이에요! 즉, Are you ~?, Is he ~?, Is this ~?, Were they ~?와 같이 문장이 시작하게 된답니다!

Example

- **Am** I a teacher?
  제가 선생님이에요?

- **Is** she cute?
  그녀는 귀여워?

- **Are** we in New York?
  우리는 뉴욕에 있어?

Snowball speaking training
눈덩이 굴리듯 문장 말하기 훈련

그림의 번호 순서대로 이미지를 연상해 보고 말하기 연습을 해보세요.

네 생일 지난주 일요일이었어?

Was your birthday
네 생일이었어?

Was your birthday last Sunday?
네 생일 지난주 일요일이었어?

이 호텔 여기서 먼가요?

Is this hotel
이 호텔

Is this hotel *far
이 호텔 먼가요?

Is this hotel far from here?
이 호텔 여기서 먼가요?

회의실에 있는 저 남자분 우리 새 매니저님이신가?

Is the guy
저 남자분

Is the guy in the meeting room
회의실에 있는 저 남자분

Is the guy in the meeting room our new manager?
회의실에 있는 저 남자분 우리 새 매니저님이신가?

Challenge yourself
스스로 말해보기

눈덩이 훈련과 끊어 읽기 연습을 하며, 영어 리듬감을 익혀보세요.

❶ 너 아직 거기 안에 있어?
   Are you still / in there?

❷ 너무 타이트한가?
   Is it / too tight?

❸ 걔네 너랑 콘서트에 있었어?
   Were they at the concert / with you?

❹ 거기 여기서 멀어요?
   Is it / far from here?

❺ 그의 생일이 지난 일요일이었어?
   Was his birthday / last Sunday?

❻ 너 아직도 다이어트 중이야?
   Are you still / *on a diet?

실전 감각 기르기

Dialogue 1

 Are you *on the way?
오고 있어?

 Yes, I'm almost there.
응, 거의 다 왔어.

 Great! See you soon.
좋아! 곧 만나자.

Dialogue 2

 Is this your coffee?
이거 네 커피야?

 No, I don't drink coffee. I think it's Sarah's.
아니, 나는 커피 안 마셔. 그거 Sarah거 같은데.

* **far** 먼
* **be on a diet** 다이어트 중이다
* **on the way** ~하는 중에, 도중에, ~로 가는 길에

Day 13

do동사 단순 현재시제 의문문

Does she like seafood?

그녀가 해산물을 좋아하나?

Learning point 핵심 포인트

앞서 '주어는 OO이니/OO에 있니?'와 같은 의문문에 대해 알아봤는데요. 만약 내가 묻고자 하는 것이 '주어가 평소에, 보통 어떤 '동작'을 하니?' 라면 어떨까요? 이 경우는 동작을 나타내는 동사, 즉 do동사가 쓰이기 때문에 의문문에서도 'Do(es)'가 사용됩니다. 즉, Are you ~?, Is he ~? 대신 Do you ~?, Does he ~?와 같이 되는 거죠. 내가 묻고자 하는 게 '동작'인지 '동작이 아닌지'를 구분할 줄 알아야 정확한 의문문의 형태로 말할 수 있겠죠?

Example

- **Do you work on Saturday?**
  너 토요일에 일해?

- **Do they work on Saturday?**
  그들은 토요일에 일해?

- **Does he work on Saturday?**
  그는 토요일에 일해?

- **Does she work on Saturday?**
  그녀는 토요일에 일해?

Snowball speaking training
눈덩이 굴리듯 문장 말하기 훈련

그림의 번호 순서대로 이미지를 연상해 보고 말하기 연습을 해보세요.

그녀는 여동생과 함께 여기서 살아요?

Does she live
그녀는 살아요?

Does she live with her sister
그녀는 여동생과 함께 살아요?

Does she live with her sister here?
그녀는 여동생과 함께 여기서 살아요?

여기 녹차나 뭐 그런 거 있나요?

Do *you guys have
여기 가지고 있나요?

Do you guys have green tea
여기 녹차 있나요?

Do you guys have green tea or something like that?
여기 녹차나 뭐 그런 거 있나요?

337번 버스가 공항 가나요?

Does the bus go
버스가 가나요?

Does the bus number 337 go
337번 버스가 가나요?

Does the bus number 337 go to the airport?
337번 버스가 공항 가나요?

Challenge yourself
스스로 말해보기

눈덩이 훈련과 끊어 읽기 연습을 하며, 영어 리듬감을 익혀보세요.

① 너 그녀 번호 있어?
Do you have / her number?

② 핫소스 필요해?
Do you need / hot sauce?

③ 그녀가 초콜릿 좋아하나?
Does she like / chocolate?

④ 그녀가 프랑스어를 해?
Does she speak / French?

⑤ 너 그들이랑 같이 일해?
Do you work / with them?

⑥ 여기 오렌지 주스나 뭐 그런 거 있나요?
Do you guys have / orange juice or / something like that?

실전 감각 기르기

Dialogue 1

Do you guys have orange juice or something like that?
여기 오렌지 주스나 뭐 그런 거 있나요?

No, but we have orange soda.
아니요, 그런데 오렌지 소다는 있어요.

That sounds good. I'll have that.
좋네요. 그걸로 할게요.

Dialogue 2

Does this bus go to the airport?
이 버스 공항 가나요?

Yes, but it takes about an hour.
네, 그런데 한 시간 정도 걸려요.

That's fine. I'm *in no rush.
괜찮아요, 급하지는 않아서요.

* **you guys** 너희들, 여러분, 가게 직원들을 일컬을 때도 사용
* **in no rush** 급하지 않은

Day

14

do동사 단순 과거시제 의문문

Did you hear that?

너 그거 들었어?

Learning point 핵심 포인트

'주어가 평소에, 보통 어떠한 '동작'을 하니?'를 물을 땐, Are you ~?, Is he ~? 대신 Do you ~? Does he ~?처럼 do동사를 사용하죠. 그렇다면 평소가 아니라 '과거에 어떠한 '동작'을 했니?'를 묻고 싶다면 어떨까요? 한국어도 '평소에 운동해?' 대신 '어제 운동했어?'라고 하듯이 영어도 그러한 변화, 즉 과거를 표현하는 암호가 필요한데요. 그것이 바로 did입니다. 그리고 과거시제는 어떤 주어든 상관없이 모두 동일하게 did를 사용한다는 점도 기억해 두세요!

Example

- **Did** you work out yesterday?
  너 어제 운동했어?

- **Did** she work out yesterday?
  그녀는 어제 운동했어?

- **Did** he work out yesterday?
  그는 어제 운동했어?

- **Did** they work out yesterday?
  그들은 어제 운동했어?

Snowball speaking training
눈덩이 굴리듯 문장 말하기 훈련

그림의 번호 순서대로 이미지를 연상해 보고 말하기 연습을 해보세요.

Chris한테 인사했어?

Did you say
말했어?

Did you say hi
인사했어?

Did you say hi to Chris?
Chris한테 인사했어?

너 어제 그녀랑 영화 보러 갔어?

Did you go
너 갔어?

Did you go to the movies
너 영화 보러 갔어?

Did you go to the movies with her yesterday?
너 어제 그녀랑 영화 보러 갔어?

너 공항 근처 호텔에 묵었어?

Did you stay
너 묵었어?

Did you stay at a hotel
너 호텔에 묵었어?

Did you stay at a hotel near the airport?
너 공항 근처 호텔에 묵었어?

Challenge yourself
스스로 말해보기

눈덩이 훈련과 끊어 읽기 연습을 하며, 영어 리듬감을 익혀보세요.

① 나한테 전화했어?
Did you call me?

② 아침 먹었어?
Did you have / breakfast?

③ 그는 9시부터 6시까지 일했어?
Did he work / 9 to 6?

④ 너 어제 그녀한테 말 안 했어?
Didn't you tell her / yesterday?

⑤ 그녀가 그걸 알고 있었어?
Did she know that?

⑥ 그들이 제시간에 공항에 도착했나요?
Did they arrive / at the airport / *on time?

실전 감각 기르기

Dialogue 1

 Did it *work?
잘 됐어요?

 Yes, it's all good now.
네, 이제 다 잘 돼요.

Dialogue 2

 Did you *sign up for the course online?
온라인으로 그 강좌에 등록했나요?

 Yes, I did. I signed up last week.
네, 했어요. 지난주에 등록했어요.

 That's great!
좋네요!

* **on time** 정각에, 제시간에
* **work** 작동되다, 효과가 있다
* **sign up** 등록하다

Day

15

do, be동사 의문문 짬뽕 파티

Are you tired? Did you work yesterday?

피곤해? 어제 일했어?

Learning point 핵심 포인트

앞서 Do(es)/Did로 시작하는 의문문과 be동사로 시작하는 의문문을 익혀봤습니다. 의문문의 시작은 '주어 뒤에 나오게 되는 키워드가 do동사인지 아닌지'에 의해 결정이 됩니다. "너 보통 주말에 일해?"라는 의문문의 키워드는 'you, work'이고 work 때문에 이 의문문은 Do you ~?로 시작하지만, "너 주말에 보통 바빠?"의 경우는 키워드인 'you, busy'의 busy가 형용사이기 때문에 Are you ~?로 시작하게 되는 것이죠. 이렇게 '필요한 키워드'를 생각하게 되면 의문문을 말할 때 머뭇거림도 줄게 되는 효과까지 생긴답니다!

Example

동사가 아닌 것	동사인 것
tired	go
ENTJ	work
in Jeju	like
Canadian	drink
left-handed	eat
here	speak
→ Are you ~?	→ Do you ~?

Snowball speaking training
눈덩이 굴리듯 문장 말하기 훈련

그림의 번호 순서대로 이미지를 연상해 보고 말하기 연습을 해보세요.

매일 아침 회사에 걸어서 출근해?

Do you walk
걸어 다녀?

Do you walk to work
회사에 걸어 다녀?

Do you walk to work every morning?
매일 아침 회사에 걸어 다녀(걸어서 출근해)?

**(대화할 때) 주로 듣는 편이세요,
아니면 말하는 편이세요?**

Are you *more of
~한 편이세요?

Are you more of a listener
주로 듣는 편이세요?

Are you more of a listener or a talker?
(대화할 때) 주로 듣는 편이세요, 아니면 말하는 편이세요?

직업상 다른 도시로 출장 다니세요?

Do you travel
출장 다니세요?

Do you travel to different cities
다른 도시로 출장 다니세요?

Do you travel to different cities for work?
직업상 다른 도시로 출장 다니세요?

Challenge yourself
스스로 말해보기

눈덩이 훈련과 끊어 읽기 연습을 하며, 영어 리듬감을 익혀보세요.

① 운동하세요?
   Do you work out?

② 너 지금 카페야?
   Are you / at the café / now?

③ 이거 매워요?
   Is it spicy?

④ 물 필요하세요?
   Do you need water?

⑤ 이거 네 커피야?
   Is this / your coffee?

⑥ 네 여친 야구 좋아해?
   Does your girlfriend / like baseball?

실전 감각 기르기

Dialogue 1

Did you work today? **Isn't** it your *day off?
오늘 일했어? 쉬는 날 아니야?

Yes, it is, but I had an emergency meeting this morning.
맞아, 그런데 아침에 급한 회의가 있었어.

Dialogue 2

Do you have any *siblings?
Are you more of a listener or a talker?
(소개팅 중 질문 폭격…) 형제는 있으세요?
(대화할 때) 주로 듣는 편이세요, 아니면 말하는 편이세요?

Well… yes, I have one older brother and I'm…
음… 네, 오빠 한 명 있고요. 그리고…

* **more of** ~인 편이다 (more of 없이 말하면 둘 중에서만 딱 고르라는 느낌을 줘요.)
* **day off** 쉬는 날
* **sibling** 형제자매

Day 16

의문사 있는 do동사 의문문

How many cups do we need?

우리 컵 몇 개 필요해?

Learning point 핵심 포인트

앞서 배웠던 의문문들의 공통점은 바로 'Yes/No'의 대답을 묻는 의문문이었다는 점입니다. 그런데 '우리 컵 몇 개 필요해?'라는 질문을 받는다면 어떨까요? '구체적인 답변'이 필요하죠. 이럴 때 기존 의문문 맨 앞에 흔히 '육하원칙'이라 불리는 '누가, 언제, 어떻게, 왜' 등의 단어인 '의문사(Question words)'를 붙여줍니다. 주의해야 할 점은, 한국어는 단어의 순서가 바뀌어도 상관이 없기 때문에 한국어로 생각난 문장의 순서로 무조건 따라가선 안 된다는 것입니다. 영어 의문문의 순서는 정해져 있고, 그 순서만 잘 기억하신다면 간단합니다!

Example

단수	Wh- (의문사)	do did	I you	work eat have do go take know	?
		does did	he she it		
복수		do did	you we they		

Snowball speaking training
눈덩이 굴리듯 문장 말하기 훈련

그림의 번호 순서대로 이미지를 연상해 보고 말하기 연습을 해보세요.

칫솔 얼마나 자주 바꿔?

How often
얼마나 자주?

How often do you change
얼마나 자주 바꿔?

How often do you change your toothbrush?
칫솔 얼마나 자주 바꿔?

너 미팅에서 왜 그렇게 심하게 웃은 거야?

Why did you laugh
너 왜 웃은 거야?

Why did you laugh so hard
너 왜 그렇게 심하게 웃은 거야?

Why did you laugh so hard during the meeting?
너 미팅에서 왜 그렇게 심하게 웃은 거야?

왜 우산도 없이 비 오는데 나갔어?

Why did you *go out
왜 나갔어?

Why did you go out in the rain
왜 비 오는데 나갔어?

Why did you go out in the rain without an umbrella?
왜 우산도 없이 비 오는데 나갔어?

Challenge yourself
스스로 말해보기

눈덩이 훈련과 끊어 읽기 연습을 하며, 영어 리듬감을 익혀보세요.

① 뭐 샀어?
What did you buy?

② 그녀가 그걸 어떻게 알아?
How does she know that?

③ 너 언제 도착했어?
When did you arrive?

④ 우리 의자 몇 개 필요해?
How many chairs / do we need?

⑤ 그거 스펠링이 어떻게 돼요?
How do you spell it?

⑥ 그는 어디서 일하니?
Where does he work?

실전 감각 기르기

Dialogue 1

 How many siblings do you have?
형제가 몇 명 있어?

 I have one brother and one sister.
난 오빠 하나, 언니 하나 있어.

Dialogue 2

 Josh talked about our new project earlier today. **How** does he know that? Did you tell him?
Josh가 아까 우리 새로운 프로젝트에 대해 이야기하던데. 그가 그걸 어떻게 알았지? 네가 말했어?

 No, I didn't. That's *strange.
아니, 말하지 않았어. 이상하네.

* **go out** 외출하다, 나가다
* **strange** 이상한

Day 17

의문사 있는 be동사 의문문 (1)

What are those bags?

저 가방들은 뭐야?

Learning point 핵심 포인트

앞서 '육하원칙'이라 불리는 '의문사(Question words)'를 더하는 의문문에 대해 알아봤죠. 이러한 의문문의 특징은 '구체적인 답변'을 묻는다는 것이었습니다. 오늘 소개할 의문문도 마찬가지이지만, 한 가지 차이점이 있는데요. 바로 '동작'이 보이지 않는다는 점입니다! Day 10에서 배운 '저울 구조' 기억나시나요? be동사를 사용하는 '주어=○○이다'의 구조! 오늘 의문문들은 만약 반으로 접는다면 대칭으로 포개어질 것 같은 구조의 의문문이 되겠습니다. 반으로 접힌다는 느낌(데칼코마니)을 가지고 예문을 보시면 더 도움이 되실 거예요.

Example

	Wh- (의문사)				
단수		am was	I	~	?
		are were	you		
		is was	he she it		
복수		are were	you we they		

Snowball speaking training
눈덩이 굴리듯 문장 말하기 훈련

그림의 번호 순서대로 이미지를 연상해 보고 말하기 연습을 해보세요.

어젯밤에 너랑 Jason 어디에 있었어?

Where were you
너 어디에 있었어?

Where were you and Jason
너랑 Jason 어디에 있었어?

Where were you and Jason last night?
어젯밤에 너랑 Jason 어디에 있었어?

회의실에 있는 저 세 사람은 누구야?

Who are those people
저 사람들 누구야?

Who are those three people
저 세 사람 누구야?

Who are those three people in the meeting room?
회의실에 있는 저 세 사람은 누구야?

남자친구와의 작년 생일 파티는 어땠어?

How was your birthday party
생일 파티 어땠어?

How was your birthday party with your boyfriend
남자친구와의 생일 파티는 어땠어?

How was your birthday party with your boyfriend last year?
남자친구와의 작년 생일 파티는 어땠어?

83

Challenge yourself
스스로 말해보기

눈덩이 훈련과 끊어 읽기 연습을 하며, 영어 리듬감을 익혀보세요.

1 이게 뭐예요?
What is this?

2 저것들은 뭐예요?
What are those?

3 네 차에 있는 저 가방들은 뭐야?
What are those bags / in your car?

4 네 차에 있는 저 박스들은 뭐야?
What are those boxes / in your car?

5 이 사진 속 사람들은 누구야?
Who are the people / in this picture?

6 그 책 어디 있어?
Where is the book?

실전 감각 기르기

Dialogue 1

 What are those boxes in your car?
차 안에 있는 저 상자들은 뭐야?

 They're just some old books.
그건 오래된 책들이야.

Dialogue 2

 Who are the people in this picture?
이 사진 속 사람들은 누구야?

 They are my high school classmates.
고등학교 동창들이야.

 Do you still *keep in touch with them?
아직도 연락해?

 Yes, we meet *once in a while.
응, 가끔 한 번씩 만나.

* **keep in touch** 연락하다
* **once in a while** 가끔

Day 18

의문사 있는 be동사 의문문 (2)

How far is the subway station?

지하철 역이 얼마나 멀어요?

Learning point 핵심 포인트

앞서 마치 주어의 정체를 묻는 듯한, '의문사를 가진 저울 구조' 의문문을 배웠었죠. 오늘은 이 구조를 좀 더 응용해 보려고 합니다. 영어는 순서가 정해져 있기 때문에 어렵지 않아요. 구조는 알겠는데 막상 응용이 잘 안된다면 항상 '1 더하기 1'에서 시작해 보기! 즉, 내가 알고 있는 정말 간단한 기본 구조의 문장을 떠올리고, 그 문장 내에서 바꿀 부분과 그대로 둬야 하는 부분이 어딘지를 잘 구분해서 단어를 갈아 끼우면 끝이에요. be동사는 항상 그 문장에서 쓰인 '주어'에 따라 결정된다는 점도 기억해 두세요.

Example

- **How old are you?**
  너 몇 살이야?

- **How tall is he?**
  그는 키 몇이야?

- **Whose pen is this?**
  이거 누구 펜이야?

- **Whose coffee is this?**
  이거 누구 커피야?

Snowball speaking training
눈덩이 굴리듯 문장 말하기 훈련

그림의 번호 순서대로 이미지를 연상해 보고 말하기 연습을 해보세요.

내 책상 위에 있는 이거 누구 커피야?

Whose coffee
누구의 커피

Whose coffee is this
이거 누구 커피야?

Whose coffee is this on my desk?
내 책상 위에 있는 이거 누구 커피야?

네 거실에 있는 TV 얼마나 커?

How big
얼마나 커?

How big is the TV
그 TV 얼마나 커?

How big is the TV in your living room?
네 거실에 있는 TV 얼마나 커?

싱가포르로 가는 우리 비행시간이 얼마나 돼?

How long
얼마나 길어?

How long is our flight
우리 비행시간이 얼마나 돼?

How long is our flight to Singapore?
싱가포르로 가는 우리 비행시간이 얼마나 돼?

Challenge yourself
스스로 말해보기

눈덩이 훈련과 끊어 읽기 연습을 하며, 영어 리듬감을 익혀보세요.

❶ 센트럴파크는 얼마나 커요?
   How big is Central Park?

❷ 이 라면 얼마나 매워요?
   How spicy is this ramen?

❸ 그 영화 얼마나 길어?
   How long is the movie?

❹ 식당이 얼마나 멀어요?
   How far is the restaurant?

❺ 이 재킷 누구 거야?
   Whose jacket is this?

❻ 이것들 누구 책이야?
   Whose books are these?

실전 감각 기르기

Dialogue 1

 Whose bag is this?
이 가방 누구 거야?

 It's *mine.
내 거야.

 Oh, it's so cute!
오, 진짜 귀엽다!

Dialogue 2

 How long is the *wait?
얼마나 기다려야 하나요?

 About 15 minutes.
약 15분 정도요.

 That's not bad.
그렇게 나쁘지 않네요.

* **mine** 나의 것
* **wait** 기다림, 기다리는 시간

Day 19

수상한 의문문 (의문사+동사)

Who made this?
이거 누가 만들었어?

 **Learning point** 핵심 포인트

여러분, 혹시 'What happened?', 'Who knows?' 이런 의문문 들어보신 적 있나요? 분명 의문문은 순서가 정해져 있다고 했는데 기존 의문문과 형태가 좀 다르지 않나요? 이렇게 기존 의문문의 법칙을 깨는 단 한 가지 경우가 있는데요. 바로, '누가(뭐가)', 즉 행위자(주어)를 몰라서 물어보는 경우'입니다. 우리는 앞으로 이걸 '수상한 의문문'이라 부를 거예요. 이때는 한 가지만 기억하세요! "동사를 내리꽂아!" 단순 현재시제일 경우엔 주어가 3인칭 단수(he, she, it)일 때처럼 동사에 -(e)s를 붙여준다는 점도 함께 기억해 주세요.

Example

- **Who made ~?**
  누가 만들었어?

- **Who told you ~?**
  누가 너한테 얘기했어?

- **Who knows ~?**
  누가 알겠어?

- **What happened ~?**
  무슨 일이 일어났던 거야?

Snowball speaking training
눈덩이 굴리듯 문장 말하기 훈련

그림의 번호 순서대로 이미지를 연상해 보고 말하기 연습을 해보세요.

그 콘서트 티켓들 누가 가지고 있어?

Who has
누가 가지고 있어?

Who has the tickets
그 티켓들 누가 가지고 있어?

Who has the tickets for the concert?
그 콘서트 티켓들 누가 가지고 있어?

이 커피 누가 바닥에 뒀어?

Who left
누가 뒀어?

Who left this coffee
이 커피 누가 뒀어?

Who left this coffee on the floor?
이 커피 누가 바닥에 뒀어?

이 양말 누가 소파 위에다 던져둔 거야?

Who threw
누가 던져둔 거야?

Who threw these socks
이 양말 누가 던져둔 거야?

Who threw these socks on the couch?
이 양말 누가 소파 위에다 던져둔 거야?

Challenge yourself
스스로 말해보기

눈덩이 훈련과 끊어 읽기 연습을 하며, 영어 리듬감을 익혀보세요.

❶ 부엌 누가 청소했어?
Who cleaned the kitchen?

❷ 열쇠 누가 가지고 있어?
Who has the key?

❸ 그거 누가 한 거야?
Who did it?

❹ 그거 누가 시작한 거야?
Who started it?

❺ 너 왜 이렇게 오래 걸렸어(뭐가 널 그리 오래 걸리게 했니)?
What *took you / so long?

❻ 이거 누가 너한테 준 거야?
Who gave you / this?

실전 감각 기르기

Dialogue 1

Who brought this wine?
이 와인 누가 가져왔어?

I'm not sure, maybe John?
잘 모르겠어, 아마도 John...?

Dialogue 2

Who threw these socks on the couch?
이 양말 누가 소파에 던져둔 거야?

I think Jason did.
Jason이 한 것 같아.

He always *leaves his things everywhere.
그는 항상 물건을 아무 곳에나 두거든.

* **take** 시간이 걸리다
* **leave** 두다

Day 20

영어 감각- '나는 OO인 사람이다'

My son is not a carrot eater.

제 아들은 당근을 안 먹어요.

Learning point 핵심 포인트

서술어를 디테일하게 말하는 한국어와는 다르게, 영어는 한국어의 그 '서술어'를 '명사'로 간단하게 돌려 표현하는 방식이 굉장히 흔합니다. '너는 무언가를 하니?'라는 한국어 문장을 영어는 '너 OO인 사람이야?'라는 식으로 표현하죠. 처음엔 좀 생소하시겠지만 익숙해지시면, 마냥 복잡해 보이기만 했던 한국어 문장들을 쉽고 간단하게 영어로 말할 수 있게 되실 거예요!

Example

[원어민식 사고] 우리말의 "서술어"를 "명사"로 표현

한국어	영어
너는 무언가를 하니?	너 "OO인 사람"이야?
Do you drink coffee? 커피 드세요?	Are you a coffee-drinker? 커피 드세요? (커피를 마시는 사람이야?)
나는 무언가를 해.	나 "OO인 사람"이야.
I like dogs. 난 강아지 좋아해.	I'm a dog person. 난 강아지 좋아해. (강아지를 좋아하는 사람이야.)

Snowball speaking training
눈덩이 굴리듯 문장 말하기 훈련

그림의 번호 순서대로 이미지를 연상해 보고 말하기 연습을 해보세요.

제 아들은 당근을 안 먹어요.

My son doesn't eat carrots.
제 아들은 당근을 안 먹어요.

→ **My son is not a 당근을 먹는 사람.**
   제 아들은 당근을 안 먹는 사람이에요.

→ **My son is not a carrot eater.**
   제 아들은 당근을 안 먹어요.

나 그 선수 엄청 좋아해.

I love the player.
나 그 선수 엄청 좋아해.

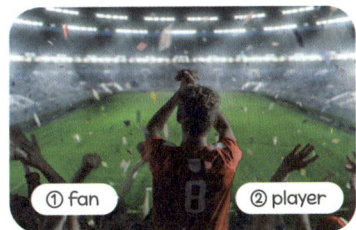

→ **I'm a 그 선수를 많이 좋아하는 사람.**
   나 그 선수를 많이 좋아하는 사람이에요.

→ **I'm a huge fan of the player.**
   나 그 선수 엄청 좋아해.

저도 이 주변은 잘 몰라요.

I don't know here…(?)
저 이 주변은 잘 몰라요.

→ **I'm a 이 주변을 잘 모르는 사람.**
   저 이 주변을 잘 모르는 사람이에요.

→ **I'm a stranger around here, too.**
   저도 이 주변은 잘 몰라요(저도 여기 처음 와요).

95

Challenge yourself
스스로 말해보기

눈덩이 훈련과 끊어 읽기 연습을 하며, 영어 리듬감을 익혀보세요.

❶ 저는 막 사교적이지는 않아요.
   I'm not a / *people-person.

❷ 그녀는 남의 말을 되게 잘 들어줘(경청을 잘해).
   She's a / good listener.

❸ 제 남편은 잠들면 누가 업어가도 몰라요.
   My husband is a / heavy sleeper.

❹ 저는 아침에 운동하고 그러지 않아요.
   I'm not a / morning / workout person.

❺ 그녀는 되게 빨리 배워.
   She's a fast learner.

❻ 그는 주당이에요.
   He's a heavy drinker.

실전 감각 기르기

Dialogue 1

Do you go to the gym before work?
출근 전에 운동 가?

Never. I'm not a morning workout person.
절대 안 가지. 나는 아침에 운동 안 해.

But the gym gets so crowded in the evening.
그런데 헬스장이 저녁에 항상 붐비잖아.

Dialogue 2

Are you a good cook?
너 요리 잘해?

*According to me, I'm a good cook…
내 생각에는 잘하는 것 같아...

---

* **people-person** 사람들과 어울리기 좋아하는 사람
* **According to** ~에 의하면, 내 딴에는

Day

21

There is / are 명사. '~가 있다'

There's always room for dessert.

디저트 배는 항상 있죠!

 **Learning point** 핵심 포인트

'There is ~'는 상대방이 그 존재의 '여부'를 모르는 경우, '누군가(무언가)가 어딘가에 존재'함을 알려줄 때 보통 사용되는데요. 이 문장은 사실 주어가 뒤로 '도치'된 구조입니다. 상대방이 존재 자체를 모르는 대상에 대해 이야기하는데, 문장 처음부터 상대방이 생각지도 않고 있던 주어를 내밀면 갑작스러운 정보가 훅 들어온다는 느낌을 받게 되죠. 그래서 주어를 천천히 공개하는 느낌으로 도치를 시켜준 거랍니다. 'There is (주어) ~.'의 형태이고 주어가 복수형일 경우엔 'There are (주어) ~.'가 된다는 것도 함께 기억해 두세요!

Example

1. 상대방이 그 존재 '여부'를 아는 경우

    A: 아빠 어디계셔? **Where is dad?**

    B: 아빠 화장실에 계셔. **He is in the restroom.**

2. 상대방이 그 존재 '여부'를 모르는 경우

    (화장실에 가려는 친구에게) 화장실에 이상한 사람 있어.

    There is a creepy guy in the restroom.

Snowball speaking training
눈덩이 굴리듯 문장 말하기 훈련

음원듣기

그림의 번호 순서대로 이미지를 연상해 보고 말하기 연습을 해보세요.

냉장고에 케이크 한 조각이 있어.

There is
(거기) ~가 있어

There is a piece of cake
케이크 한 조각이 있어

There is a piece of cake in the fridge.
냉장고에 케이크 한 조각이 있어.

① cake ② fridge

쇼핑몰에 사람 진짜 많았어.

There were
(거기) ~들이 있었어

There were so many people
사람 진짜 많았어

There were so many people at the mall.
쇼핑몰에 사람 진짜 많았어.

① people ② mall

가게 앞에 정말 큰 개가 있었어요.

There was
(거기) ~가 있었어

There was a really big dog
큰 개가 있었어요

There was a really big dog in front of the store.
가게 앞에 정말 큰 개가 있었어요.

① big dog ② Store

Challenge yourself
스스로 말해보기

눈덩이 훈련과 끊어 읽기 연습을 하며, 영어 리듬감을 익혀보세요.

❶ 1층에 약국 있어요.

There's a pharmacy / on the first floor.

❷ 이 방 안에 모기들이 있어.

There are some mosquitoes / in this room.

❸ A와 B 사이에는 차이가 없어요.

There's no difference / between A and B.

❹ 어제 여기서 사고가 하나 있었어요.

There was an accident here / yesterday.

❺ 내가 그 박스 열어봤는데, 안에 아무것도 없었어.

I opened the box and / there was nothing in it.

❻ 이태원에 진짜 맛있는 피자집 있어.

There's a / really good pizza place / in Itaewon.

실전 감각 기르기

Dialogue 1

 Is everything okay?
괜찮아요?

 There is something in my eye.
눈에 뭔가 들어갔어요.

 *****Let me** *****take a look.**
한번 봐줄게요.

Dialogue 2

 There's a phone charger on the table. Is it yours?
테이블 위에 폰 충전기 하나 있던데. 그거 네 거야?

 No, I have mine in my bag.
아니, 내 것은 내 가방에 있어.

* **let me** (내가) ~을 할게, 해볼게
* **take a look** 살펴보다

Day 22

Is there ~? '~가 있나요?'

Are there any differences between these two phones?

이 두 휴대폰 사이에 차이가 좀 있나요?

Learning point 핵심 포인트

'There is ~'는 상대방이 그 존재의 '여부'를 모르는 경우, '누군가(무언가) 어딘가에 존재한다'라는 것을 알려줄 때 사용된다고 했었죠. 그렇다면 '누군가(무언가)가 어디에 존재하는지 물어보는 경우'는 어떨까요? be동사가 사용되는 구조이므로 'Is/Are there ~?'의 형태가 되고, 과거라면 'Was/Were there ~?'이 되겠죠? 특히, 'Are there any + 복수 명사 ~?'로 쓰이면 '있다/없다'처럼 단순 존재 여부를 묻는다기보단, any가 주는 의미처럼 '하나라도 존재하는지'를 묻는 느낌이 좀 더 전달된다는 점 참고해 주세요!

Example

- **Is there** a convenience store in this hotel?
  이 호텔에 편의점 있어요?

- **Are there** any suggestion**s**?
  제안할 것이 있으신가요?

- **Were there** many people at the concert yesterday?
  어제 콘서트에 사람들 많이 있었어?

Snowball speaking training
눈덩이 굴리듯 문장 말하기 훈련

그림의 번호 순서대로 이미지를 연상해 보고 말하기 연습을 해보세요.

어제 공항에 사람 많았어?

Were there
~가 있었어?

Were there many people
사람들 많았어?

Were there many people at the airport yesterday?
어제 공항에 사람 많았어?

이 두 휴대폰 사이에 차이가 좀 있나요?

Are there?
~가 있나요?

Are there any *differences
차이가 좀 있나요?

Are there any differences between these two phones?
이 두 휴대폰 사이에 차이가 좀 있나요?

다운타운에서 Granville Island로 가는 버스 있어요?

Is there a bus
버스 있어요?

Is there a bus from downtown
다운타운에서 가는 버스 있어요?

Is there a bus from downtown to Granville Island?
다운타운에서 Granville Island로 가는 버스 있어요?

Challenge yourself
스스로 말해보기

눈덩이 훈련과 끊어 읽기 연습을 하며, 영어 리듬감을 익혀보세요.

❶ 이 호텔에 수영장 있나요?
   Is there a swimming pool / in this hotel?

❷ 넷플릭스에 괜찮은 영화 좀 있나?
   Are there any good movies / on Netflix?

❸ 어제 파티에 사람 많았어?
   Were there many people / at the party yesterday?

❹ 부작용 같은 게 있나요?
   Are there any *side effects?

❺ 여기 인근에 주차장 있나요?
   Is there a parking lot / nearby(near here)?

❻ 이거랑 이거에 차이들이 좀 있나요?
   Are there any differences / between this and this(between these two)?

실전 감각 기르기

Dialogue 1

 Are there any good restaurant**s** nearby?
근처에 괜찮은 레스토랑 좀 있나?

 Yes, there's a great Italian restaurant just around the corner.
응, 코너 돌면 바로 괜찮은 이탈리안 레스토랑 하나 있어.

 That sounds perfect! Let's go there.
딱 좋다! 거기 가자.

Dialogue 2

 Is there a pharmacy open 24 hours?
24시간 여는 약국 있어요?

 Yes, the one next to the post office is open 24 hours.
네, 우체국 옆에 있는 약국이 24시간 열어요.

---

* difference 차이
* side effects 부작용

Day 23

감각동사

You look so familiar.

되게 낯이 익으시네요.

Learning point 핵심 포인트

이번 day에서는 '냄새가 나고, 맛이 나고, 어떻게 보이고'처럼 감각에 관련된 동사를 배워보겠습니다. '이거 냄새가 좋다.'를 'Its smell is good.'이라고 직역하시는 경우가 많은데요. '동사로 밀어!'라는 것을 기억하세요. 'It smells ~, It tastes ~, It sounds ~, It feels ~, You look ~' 이런 식으로 주어 다음 바로 '감각과 관련한 동사+형용사'를 사용해서 표현합니다. 만약 형용사 대신 명사가 쓰이는 상황이라면 'smell(s) like ~, taste(s) like ~, sound(s) like ~, feel(s) like ~, look(s) like ~'처럼 감각동사 뒤에 like(~와 같은)를 붙여주세요!

Example

- It **is** good.

  이거 좋다.

- It **smells** good.

  이거 냄새가 좋다.

- It **doesn't smell** good.

  이거 냄새가 좋지 않네.

- It **smells like** green tea.

  이거 녹차 냄새 같아.

Snowball speaking training
눈덩이 굴리듯 문장 말하기 훈련

그림의 번호 순서대로 이미지를 연상해 보고 말하기 연습을 해보세요.

그녀는 가끔 외로움을 느껴요.

She feels
그녀는 느껴요

She feels lonely
그녀는 외로움을 느껴요

She sometimes feels lonely.
그녀는 가끔 외로움을 느껴요.

이거 맛이 코코넛 같기도 하고, 대충 뭐 그래.

It tastes
이거 맛이 나

It tastes like coconuts
이거 코코넛 맛이 나는 것 같아

It tastes like coconuts or something.
이거 맛이 코코넛 같기도 하고, 대충 뭐 그래.

제 여친은 저희 엄마랑 똑 닮았어요.

My girlfriend looks like
제 여친은 닮았어요

My girlfriend looks like my mom
제 여친은 저희 엄마랑 닮았어요

My girlfriend looks just like my mom.
제 여친은 저희 엄마랑 똑 닮았어요.

Challenge yourself
스스로 말해보기

눈덩이 훈련과 끊어 읽기 연습을 하며, 영어 리듬감을 익혀보세요.

❶ 이거 향이 세지는 않네요.
   It **doesn't smell** / strong.

❷ 이거 비누 맛이 나.
   It **tastes like** soap.

❸ 나 괜찮아 보여?
   Do I **look** / okay?

❹ 흥미롭게 들린다.
   It **sounds** interesting.

❺ 속이 울렁거려.
   I **feel** sick.

❻ 이거 안전해 보이지가 않아.
   It **doesn't look** / safe.

실전 감각 기르기

Dialogue 1

 You look different today. I mean... *in a good way.
너 오늘 (평소랑) 달라 보여. 내 말은... 좋은 의미로!

 Oh, thanks! I just got a haircut.
오, 고마워! 그냥 머리 자른 것뿐인데.

Dialogue 2

 This tastes weird. It tastes like soap.
이거 이상한 맛이 나요. 비누 맛이 나요.

 Oh, that's *cilantro. It's kind of a *love-hate thing.
아, 그거 고수야. 사람마다 호불호가 좀 있지.

---

* **in a good way** 좋은 뜻으로
* **cilantro** 고수
* **love-hate thing** 호불호가 있는 것

Day 24

현재진행시제 긍정 / 부정문

Look! Somebody is dancing over there.

봐봐! 누가 저기서 춤춘다!

Learning point 핵심 포인트

'I'm hungry.'에서 hungry는 배가 고픈 '상태'를 나타내는 형용사입니다. 그러면 '나 지금 운전 중이야.'는 어떨까요? 이는 '나 지금 운전 중인 상태야.'라는 의미죠. '운전 중인'이라는 '상태'를 나타내는 단어는 driving입니다. 그런데 이는 '동작'이 아니라 '상태'를 나타내는 일종의 형용사와 같은 맥락이죠. 그래서 '현재진행시제' 역시 I'm driving.이라는 형태를 갖추게 된 것입니다. 즉, '~중인 상태'를 말하는 진행형은 형용사처럼 be동사를 필요로 하여 'be V(동사)ing' 형태가 되는 것입니다. 부정문은 be동사 바로 뒤에 not만 붙여주면 되고요.

Example

- **I am driving.**
  나 운전 중인(상태)

- **We are not working.**
  우리 일을 안 하고 있는(상태)

- **She is talking.**
  그녀 얘기 중인(상태)

Snowball speaking training
눈덩이 굴리듯 문장 말하기 훈련

그림의 번호 순서대로 이미지를 연상해 보고 말하기 연습을 해보세요.

나 지금 운전해서 회사 가는 중이야.

I'm driving
나 지금 운전 중이야

I'm driving to work
나 운전해서 회사 가는 중이야

I'm driving to work now.
나 지금 운전해서 회사 가는 중이야.

누가 저기서 혼자 춤을 추고 있어.

Somebody is dancing
누가 춤을 추고 있어

Somebody is dancing alone
누가 혼자 춤을 추고 있어

Somebody is dancing alone over there.
누가 저기서 혼자 춤을 추고 있어.

저희는 박물관 근처 이 카페를 찾고 있어요.

We're looking for
저희는 찾고 있어요

We're looking for this café
저희는 이 카페를 찾고 있어요

We're looking for this café near the museum.
저희는 박물관 근처 이 카페를 찾고 있어요.

111

Challenge yourself
스스로 말해보기

눈덩이 훈련과 끊어 읽기 연습을 하며, 영어 리듬감을 익혀보세요.

❶ 나 날씨 체크 중이야.
   I'm checking the weather.

❷ 영어 배우고 있어요.
   I'm learning English.

❸ 그는 지금 저녁 만들고 있어요.
   He's making dinner now.

❹ 지금 비 안 온다.
   It's not raining now.

❺ 오늘 너 원피스 입었네.
   You're wearing a dress / today.

❻ 그녀는 통화 중이야.
   She's talking on the phone.

실전 감각 기르기

Dialogue 1

 You're *bleeding!
야, 너 피나!

 It's okay. It's just a small cut.
괜찮아. 상처 조금 난 걸 가지고 뭐.

Dialogue 2

 The water is boiling.
물이 끓고 있어.

 I'm making tea. Where is the tea bag?
차 만드는 중인데. 티백 어딨지?

 ***Here you go.**
여기 있어.

---

* **bleed** 피가 나다
* **Here you go.** (상대방에게 무언가를 주면서 하는 말) 여기 있어.

Day 25

현재진행시제 의문문

What are you looking for?

너 뭐 찾아?

Learning point 핵심 포인트

앞서 현재진행시제가 'be동사(am, is, are) + Ving'의 형태인 이유에 대해 알아보았습니다. 이는 Ving가 '~중인 상태'를 나타내기 때문에, '상태'를 나타내는 형용사처럼 'be동사'를 필요로 하기 때문이었죠. 진행시제 의문문은 be동사가 먼저 나오고, 그 뒤에 Ving의 형태가 따라오는 방식입니다. 그리고 Yes/No가 아닌 구체적인 답변을 묻는 질문이라면 의문문 맨 앞에 의문사(Question words)를 붙여주면 된다는 것도 앞서 배웠던 의문문의 규칙과 동일합니다!

Example

- **Are** you **having** fun?
  재밌는 시간 보내고 있어?

- **Is** it still **raining** outside?
  밖에 아직도 비와?

- **What are** you **looking** for?
  너 뭐 찾고 있어?

- **Where is** she **going**?
  그녀는 어디 가고 있어?

Snowball speaking training
눈덩이 굴리듯 문장 말하기 훈련

그림의 번호 순서대로 이미지를 연상해 보고 말하기 연습을 해보세요.

저기 저분들 뭐 드시는 거예요?

Are they eating
저분들 드시는 거예요?

What are they eating
저분들 뭐 드시는 거예요?

What are they eating over there?
저기 저분들 뭐 드시는 거예요?

그 빈 박스들로 뭐 만드는 거야?

Are you making
만드는 거야?

What are you making
뭐 만드는 거야?

What are you making with the empty boxes?
그 빈 박스들로 뭐 만드는 거야?

화장실에서 그녀는 뭐 하고 있는 거지?

Is she doing
그녀는 하고 있어?

What is she doing
그녀는 뭐 하고 있는 거지?

What is she doing in the bathroom?
화장실에서 그녀는 뭐 하고 있는 거지?

115

Challenge yourself
스스로 말해보기

눈덩이 훈련과 끊어 읽기 연습을 하며, 영어 리듬감을 익혀보세요.

❶ 뭐 봐?
   What are you watching?

❷ 너 무슨 얘기하는 거야?
   What are you talking about?

❸ 어디 가?
   Where are you going?

❹ 너 요즘 누구 만나(만나는 사람 있어)?
   Are you *seeing someone?

❺ 너 왜 울어?
   Why are you crying?

❻ 그녀는 뭐 찾고 있어?
   What is she looking for?

실전 감각 기르기

Dialogue 1

Are you crying?
너 울어?

No, I'm not crying. I got something in my eye.
아냐, 안 울어. 눈에 뭐가 들어간 거야.

Dialogue 2

Who are you talking to? Are you talking to me?
누구한테 얘기하는 거야? 나한테 얘기하는 거야?

Oh, no. I'm *talking to myself.
아, 아니야. 혼잣말하는 거야.

* **see someone** 누군가와 사귀다
* **talk to myself** 혼잣말하다

Day

26

과거진행시제 긍정 / 부정 / 의문문

What was she doing there?

그녀는 거기서 뭐 하고 있던 거야?

Learning point 핵심 포인트

'현재진행시제'의 의문문은 be동사(am, is, are)가 먼저 나오고, 그 뒤에 Ving의 형태가 따라오는 방식이었죠? Yes/No가 아닌 구체적인 답변을 묻는 질문이라면 의문문 맨 앞에 의문사(Question words)를 붙여주면 되는 규칙도 동일했습니다. 그렇다면, '과거진행시제'는 어떨까요? 시제는 항상 '동사'가 바꿔주는 개념이기에 진행시제에서의 동사인 'be동사(am, is, are)'를 과거의 형태(was, were)로 바꾸어 주기만 하면 된답니다!

Example

- **We were playing tennis.**
  우리는 테니스를 치고 있었어.

- **I wasn't feeling well yesterday.**
  어제 몸이 안 좋았어요.

- **Were you working?**
  너 일하고 있었어?

- **Where was she going?**
  그녀는 어디 가고 있었어?

Snowball speaking training
눈덩이 굴리듯 문장 말하기 훈련

그림의 번호 순서대로 이미지를 연상해 보고 말하기 연습을 해보세요.

나 부모님이랑 전화로 얘기 중이었어.

I was talking
나 얘기 중이었어

I was talking to my parents
나 부모님이랑 얘기 중이었어

I was talking to my parents on the phone.
나 부모님이랑 전화로 얘기 중이었어.

우리 아까 기차 기다리던 중 아니었어.

We weren't waiting
우리 기다리던 중 아니었어

We weren't waiting for the train
우리 기차 기다리던 중 아니었어

We weren't waiting for the train earlier.
우리 아까 기차 기다리던 중 아니었어.

그녀는 부엌에서 뭐 하고 있었던 거야?

Was she doing
그녀는 하고 있었던 거야?

What was she doing
그녀는 뭐 하고 있었던 거야?

What was she doing in the kitchen?
그녀는 부엌에서 뭐 하고 있었던 거야?

Challenge yourself
스스로 말해보기

눈덩이 훈련과 끊어 읽기 연습을 하며, 영어 리듬감을 익혀보세요.

❶ 나 남친이랑 저녁 먹고 있었어.
   I was having dinner / with my boyfriend.

❷ 우리 집 청소 중이었어.
   We were cleaning the house.

❸ 우리 버스 기다리던 중이었어.
   We were waiting / for the bus.

❹ 어디 가는 중이었어?
   Where were you going?

❺ 그들은 거기서 뭐 하고 있던 거야?
   What were they / doing there?

❻ 아까 그녀는 왜 울고 있었던 거야?
   Why was she crying / earlier?

실전 감각 기르기

Dialogue 1

 Where were you going this morning?
오늘 아침에 어디 가고 있었어?

 I was *heading to the gym. I *did some cardio.
헬스장에 가고 있었어. 유산소 좀 했어.

Dialogue 2

 I saw you at the mall yesterday.
나 어제 쇼핑몰에서 너 봤어.

 Oh, you did? Then why didn't you say hi?
아, 그래? 그럼 왜 인사 안 했어?

 Because you looked like you were waiting for someone.
누구 기다리고 있던 것 같아서.

 Oh, I was probably waiting for my sister.
아, 아마 우리 언니를 기다리고 있었을 거야.

---

* **head to** ~로 향하다, 가다
* **do some cardio** 유산소 운동을 하다

Day 27

You're being 형용사.

Why are you being so sensitive today?

왜 이렇게 예민하게 구는 거야 오늘?

Learning point 핵심 포인트

'You're so kind.'는 '정말 친절하시네요.'라는 표현이죠. 그렇다면 혹시 'You're **being** so kind.'는 어떤 의미일까요? 문장 속에 '진행형'처럼 보이는 being이 보이시죠? 이 말은 '오늘따라 되게 친절하게 군다.'와 같은 뉘앙스를 전달합니다. 'You're being + 형용사' 형태로 쓰고, 'Why are you being + 형용사?' 형태로도 써서 '(오늘따라) 왜 그렇게 구는 거야?'와 같이 말할 수 있어요. 오늘은, 이 표현에 다양한 형용사를 바꿔가며 연습해 볼 거예요!

Example

- **You're being so nice to me today.**
  너 오늘 나한테 되게 잘해준다.

- **Why are you being so nice to me today?**
  오늘따라 나한테 왜 그렇게 잘해주는 거야?

Snowball speaking training
눈덩이 굴리듯 문장 말하기 훈련

그림의 번호 순서대로 이미지를 연상해 보고 말하기 연습을 해보세요.

너 그에게 정말 무례하게 구는 구나.

You're being
너 ~하게 군다

You're being so rude
너 정말 무례하게 구는 구나

You're being so rude to him.
너 그에게 정말 무례하게 구는 구나.

너 카메라 앞이라고 되게 나이스하게 군다.

You're being
너 ~하게 군다

You're being so nice
너 되게 나이스하게 군다

You're being so nice to the camera.
너 카메라 앞이라고 되게 나이스하게 군다.

너 이거에 대해서 왜 이렇게 되게 예민하게 구는 거야?

Why are you being
너 왜 그렇게 구는 거야?

Why are you being so sensitive
너 왜 이렇게 되게 예민하게 구는 거야?

Why are you being so sensitive about this?
너 이거에 대해서 왜 이렇게 되게 예민하게 구는 거야?

123

Challenge yourself
스스로 말해보기

눈덩이 훈련과 끊어 읽기 연습을 하며, 영어 리듬감을 익혀보세요.

❶ 너 되게 이상하다!
You're being so weird.

❷ 너 오늘 되게 못되게 군다!
You're being so mean / today.

❸ 너 오늘 왜 이렇게 조용해?
Why are you being quiet / today?

❹ 왜 짜증 내는 거야?
Why are you being *cranky?

❺ 너 나한테 솔직하지 않고 있잖아.
You're not being honest / with me.

❻ 지금 너 비꼬는 것처럼 느껴지는데...
I feel like / you're being *sarcastic / right now...

실전 감각 기르기

Dialogue 1

 Mom, I finally cleaned my room!
엄마, 저 드디어 제 방 청소했어요!

 That's surprising. Your room was such a mess.
놀랍다. 네 방 정말 엉망이었잖니.

 I feel like you're being sarcastic right now…
지금 비꼬시는 것 같은데...

Dialogue 2

 This is the worst service!
이거 정말 최악의 서비스다.

 It's just a little delay. You know what? Now *you're being a Karen!
그냥 약간 지연된 거잖아. 그거 알아? 너 지금 진상처럼 구는 거야.

---

* **cranky** 짜증을 내는
* **sarcastic** 빈정대는, 비꼬는
* **You're being a Karen!** 깐깐하고 무례한 숏컷 백인 중년 아주머니의 대명사로 Karen이라는 이름을 들어서 '진상'을 뜻하는 표현

Day

28

단순 현재시제 VS. 현재진행시제

> # You're wearing a skirt today!
> # You never wear skirts.
>
> 오늘 치마 입었네! 너 원래 치마 안 입잖아.

Learning point 핵심 포인트

여러분, 이제 '단순 현재시제'와 '현재진행시제'의 형태와 의미가 구분되시나요? 단순 현재시제는 '보통, 항상, 원래'를 말하는 시제, 현재진행시제는 '지금 이 순간'을 말하는 시제였죠. 대화 시, 내가 말하고자 하는 말의 시간개념(시제)을 적절하게 표현하는 것은 정말 기본적인 영역인데요. 영어를 처음 접하시는 분들이 많이 포기하시거나 정체되어 있다고 느끼시는 첫 구간이 바로 이 구간이기도 합니다. 기본적인 개념인데 굉장히 헷갈리죠. 이 구간만 잘 넘기면 다른 시제들은 이들과 연결성, 유사성이 있기 때문에 익히시기 훨씬 수월하실 거예요!

Example

단순 현재시제	현재진행시제
나는 일을 한다. I work.	나 일하는 중이야. I'm working.
나는 일을 안 해. I don't work.	나 일 안 하고 있어. I'm not working.
너 일 해? Do you work?	너 일하는 중이야? Are you working?

Snowball speaking training
눈덩이 굴리듯 문장 말하기 훈련

그림의 번호 순서대로 이미지를 연상해 보고 말하기 연습을 해보세요.

저는 항상 아침에 커피를 마시는데,
오늘은 차를 마시는 중이에요.

I always drink coffee
저는 항상 커피를 마셔요

I always drink coffee in the morning
저는 항상 아침에 커피를 마셔요

I always drink coffee in the morning, but today I'm drinking tea.
저는 항상 아침에 커피를 마시는데, 오늘은 차를 마시는 중이에요.

그녀는 매일 저녁을 직접 만들지만,
오늘은 치킨을 시키고 있어요.

She makes dinner
그녀는 저녁을 만들어요

She makes dinner every night
그녀는 매일 저녁을 직접 만들어요

She makes dinner every night, but today she is *ordering chicken.
그녀는 매일 저녁을 직접 만들지만, 오늘은 치킨을 시키고 있어요.

여기는 보통 겨울에는 비가 안 오는데,
오늘은 엄청 퍼붓네.

It doesn't rain here
여기는 보통 비가 내리지 않아

It doesn't rain here in winter
여기는 보통 겨울에는 비가 내리지 않아

It doesn't rain here in winter, but today it is pouring.
여기는 보통 겨울에는 비가 안 오는데, 오늘은 엄청 퍼붓네.

Challenge yourself
스스로 말해보기

눈덩이 훈련과 끊어 읽기 연습을 하며, 영어 리듬감을 익혀보세요.

❶ 그는 일하는 중이야?
Is he working?

❷ 나는 토요일에 일을 안 해.
I don't work / on Saturday.

❸ 그녀는 여기서 일을 해?
Does she work here?

❹ 나 일 안 하고 있어.
I'm not working.

❺ 너 어디서 일해?
Where do you work?

❻ 그는 여기서 일해.
He works here.

실전 감각 기르기

Dialogue 1

 How often do you go to the gym?
헬스장은 얼마나 자주 가?

 I go to the gym three times a week.
일주일에 세 번 가.

 Are you working out right now?
지금 운동 중?

 No, I'm eating chicken. It's my *cheat day.
아니, 치킨 먹어. 오늘 내 치팅데이야.

Dialogue 2

 You're wearing sneakers today!
오늘 운동화 신었네!

 I usually wear sneakers on weekends.
주말엔 보통 운동화를 신어.

* **order** 주문하다
* **cheat day** 치팅데이

Day

29

현재완료 경험 의문문

Have you ever been here before?

전에 여기 와보신 적 있으세요?

Learning point 핵심 포인트

과거시제 밖에 없는 우리말과는 달리, 영어는 과거를 말하는 시제가 좀 더 세분화되어 있는데요. 과거 어느 특정 시점을 딱 집어 얘기하는 것이라면 '단순 과거시제', 과거부터 지금까지 한 번이라도 그런 적이 있는지, 경험을 묻는 경우엔 '현재완료시제(have + p.p.)'를 사용해 'Have you ever p.p.(과거분사) ~?'의 형태로 물어보게 됩니다. 여기서 ever는 '한 번이라도'라는 의미로, 그 경험을 '한 번이라도 했는지'를 묻는 것이고, 그렇지 않다면 그 경험의 여부만을 묻는 것이 됩니다. 주어가 3인칭 단수라면 Have가 Has로 바뀐다는 점도 기억해 두시고요!

Example

- **Have you ever been here before?**
  전에 여기 와보신 적 있으세요?

- **Have you ever been to the concert?**
  그 콘서트에 가본 적 있어?

- **Has she tried this?**
  그녀는 이거 먹어본 적 있어?

Snowball speaking training
눈덩이 굴리듯 문장 말하기 훈련

그림의 번호 순서대로 이미지를 연상해 보고 말하기 연습을 해보세요.

전에 이거 드셔보신 적 있으세요?

Have you ever tried
드셔보신 적 있으세요?

Have you ever tried this
이거 드셔보신 적 있으세요?

Have you ever tried this before?
전에 이거 드셔보신 적 있으세요?

너 그 사람 실제로 만난 적 있어?

Have you ever met
너 만난 적 있어?

Have you ever met him
너 그 사람 만난 적 있어?

Have you ever met him *in person?
너 그 사람 실제로 만난 적 있어?

Main street에 새로 생긴 카페 가봤어?

Have you ever been to
가봤어?

Have you ever been to the new coffee shop
새로 생긴 카페 가봤어?

Have you ever been to the new coffee shop on Main Street?
Main street에 새로 생긴 카페 가봤어?

Challenge yourself
스스로 말해보기

눈덩이 훈련과 끊어 읽기 연습을 하며, 영어 리듬감을 익혀보세요.

① 너 한국 음식 먹어본 적 있어?
Have you ever tried / Korean food?

② 제주도 가본 적 있어?
Have you ever been to / Jeju Island?

③ 전에 거기 가보신 적 있으세요?
Have you ever been there before?

④ 이 영화 본 적 있어?
Have you ever seen this movie?

⑤ 이 단어 들어봤어(알아)?
Have you ever heard of / this word?

⑥ 그것에 대해서 생각해 본 적 있어?
Have you ever thought / about it?

실전 감각 기르기

Dialogue 1

 Have we met before?
우리 전에 만난 적 있죠?

 I don't think so.
아닌 것 같아요.

 Oh, sorry, but you look really familiar.
아, 죄송해요. 그런데 정말 낯이 익네요.

Dialogue 2

 Have you ever been to the new coffee shop on Main Street?
Main street에 새로 생긴 카페 가봤어?

 Yes, I have. I went there last week with my girlfriend. They have really good latte!
응, 가봤어. 여친이랑 지난주에 갔었어. 라테 맛집이야!

* **in person** 직접, 실제로

Day

30

현재완료 경험 긍정 / 부정문

I've been there once.

저 거기 한 번 가본 적 있어요.

Learning point 핵심 포인트

무언가를 해본 적이 있는지 '경험'을 묻는 경우, 'Have you ever p.p.(과거분사) ~?'처럼 현재완료시제를 사용했었죠? 이에 대한 대답으로 '무언가를 해본 경험이 있다'라고 말한다면 'I've (I have) p.p.', 그런 경험이 없다면 'I haven't(have not) p.p.' 혹은 'I've(I have) never p.p.'의 구조를 사용하게 됩니다. 여기서 never는 '결코 한 번도 아닌'의 의미를 가지는데요. 그 경험을 '결코 한 번도 하지 않았음'을 좀 더 강조하는 듯한 느낌을 줍니다. 그리고 이때도 주어가 3인칭 단수라면 have를 has로 바꿔 사용해야겠죠?

Example

- **I've tried this before.**
  나 전에 이거 먹어본 적 있어.

- **I've never talked to her.**
  나는 그녀랑 얘기해 본 적 없어.

- **She's met him once.**
  그녀는 그를 한 번 만난 적 있어.

- **He hasn't been to Spain.**
  그는 스페인에 가본 적 없어.

Snowball speaking training
눈덩이 굴리듯 문장 말하기 훈련

그림의 번호 순서대로 이미지를 연상해 보고 말하기 연습을 해보세요.

저 거기 한 번 가본 적 있어요.

I've been
저 가본 적 있어요

I've been there
저 거기 가본 적 있어요

I've been there once.
저 거기 한 번 가본 적 있어요.

그는 초밥에 젓가락을 사용해 본 적이 없어요.

He's never used
그는 사용해 본 적이 없어요

He's never used chopsticks
그는 젓가락을 사용해 본 적이 없어요

He's never used chopsticks for sushi.
그는 초밥에 젓가락을 사용해 본 적이 없어요.

나 뉴질랜드에서 번지점프 해봤어.

I've *tried
나 해봤어

I've tried bungee jumping
나 번지점프 해봤어

I've tried bungee jumping in New Zealand.
나 뉴질랜드에서 번지점프 해봤어.

135

Challenge yourself
스스로 말해보기

눈덩이 훈련과 끊어 읽기 연습을 하며, 영어 리듬감을 익혀보세요.

❶ 나 전에 그것에 대해서 들어본 적 있어.
   I've heard about it / before.

❷ 그것에 대해 한 번도 생각해 본 적 없는데.
   I've never / thought about it.

❸ 그녀는 이거 한 번도 먹어본 적 없어.
   She's never tried this.

❹ 그는 유럽에 한 번도 가본 적 없어요.
   He's never been to Europe.

❺ 나 그 영화 본 적 있어.
   I've seen(watched) the movie.

❻ 우리는 거기 한 번 가봤어요.
   We've been there / once.

실전 감각 기르기

Dialogue 1

 Have you ever been here before?
여기 전에 와보신 적 있으세요?

 No, I've never been here. I'm a *first-time comer here.
아뇨, 여기 한 번도 와본 적 없어요. 처음 와봐요.

Dialogue 2

 I've never tried this. Let me try this.
나 이거 먹어본 적 없는데. 한번 먹어볼게.

 It tastes like *actual cream cheese, doesn't it?
진짜(찐) 크림치즈 맛이 나지?

* **try** 먹어보다, 무언가를 시도해보다
* **first-time** (무엇을) 처음으로 해 보는
* **actual** 실제의

Day 31

조동사 can VS. could

Can I have this in the background?

이걸 배경으로 찍어주실 수 있을까요?

Learning point 핵심 포인트

조동사는 말 그대로 '동사를 도와주는 말'입니다. 동사에 조동사를 함께 사용하여 상황의 일어날 확률(가능성)을 표현하죠. 이를 통해 내 말의 느낌, 어조를 더하게 됩니다. 예를 들어, '나는 간다.'는 그냥 사실을 말하지만, '갈 수 있어, 갈 수 있을 것 같아, 가야 돼'처럼 조동사를 더하면 느낌이 달라지죠? 그중에서도 can은 '~할 수 있다(가능성)'의 의미를 가지며, 무언가를 요청하거나 허락을 구할 때 자주 사용됩니다. could는 상황적/사회적 거리감을 표현하는 '-d'를 사용해, can보다 선명도(일어날 확률)가 낮은 느낌을 줌으로써 좀 더 공손한 느낌을 전달합니다.

Example

- **You go.** 너는 간다.
    - → **You can(could) go.** 너는 갈 수 있다.
    - → **She can(could) go.** 그녀는 갈 수 있다.

- **Do I go?** 저 가나요?
    - → **Can(Could) I go?** 저 가도 되나요?
    - → **Can(Could) we go?** 우리 가도 되나요?

Snowball speaking training
눈덩이 굴리듯 문장 말하기 훈련

그림의 번호 순서대로 이미지를 연상해 보고 말하기 연습을 해보세요.

2명 테이블 있어요?

Can I get
받을 수 있어요?

Can I get a table
테이블 있어요?

Can I get a table for two?
2명 테이블 있어요?

(가리키며) 이걸 배경으로 찍어주실 수 있을까요?

Can I have
가질 수 있을까요?

Can I have this
(가리키며) 이걸 가질 수 있을까요?

Can I have this in the background?
(가리키며) 이걸 배경으로 찍어주실 수 있을까요?

이거 테이크아웃 잔에 주실 수 있을까요?

Can I get
주실 수(받을 수) 있을까요?

Can I get this
이거 주실 수(받을 수) 있을까요?

Can I get this in a *to-go cup?
이거 테이크아웃 잔에 주실 수(받을 수) 있을까요?

139

Challenge yourself
스스로 말해보기

눈덩이 훈련과 끊어 읽기 연습을 하며, 영어 리듬감을 익혀보세요.

❶ 메뉴판 좀 볼 수 있을까요?
Can I see a menu?

❷ 아이스 아메리카노 한 잔이랑 블루베리 머핀 하나 주시겠어요?
Can I get(have) / an Iced Americano / and a blueberry muffin, please?

❸ 4명 자리 있나요?
Can I get a table / for four?

❹ 소스는 따로 주시겠어요?
Can I have the sauce / *on the side?

❺ 이것 좀 치워주시겠어요?
Can you take this away?

❻ 이거 반으로 좀 잘라주시겠어요?
Can you cut it / *in half?

실전 감각 기르기

Dialogue 1

 Can you take a picture of us? But make sure that we have this tree in the background!
저희 사진 좀 찍어주시겠어요? 근데 배경에 이 나무가 나오게 해주세요!

 Sure! Smile!
그럼요. 웃으세요!

Dialogue 2

 Can I get a tuna sandwich with cheese?
참치 샌드위치에 치즈 추가해서 하나 주세요.

 Can you make that two, please?
같은 걸로 할게요.

 No problem. Two tuna sandwiches with cheese!
그럼요! 참치 샌드위치에 치즈 추가해서 두 개요!

---

* **to-go cup** 테이크아웃 잔
* **on the side** 따로, 별도로
* **in half** 절반으로

Day 32

조동사 can VS. will

You can't or you won't?

못 하는 거야 아님 안 하겠다는 거야?

Learning point 핵심 포인트

동사에 조동사 will을 함께 사용하게 되면 '(어떤 상황이) 일어날 것이다'의 의미로 일어날 확률이 높다고 확신을 가지고 말하는 어조가 됩니다. 더불어 화자의 강한 의지를 담기도 하는데요. 이 경우는 '(내 의지를 담아) ~할게!'의 의미로 사용이 되죠. 조동사 will은 약간 '느낌표(!)'의 느낌을 준다고 기억하시면 좋을 것 같습니다. 또한, 조동사들 간의 뉘앙스 차이를 구분하여 사용하는 것이 필요하기에 앞서 다룬 can과 will의 뉘앙스를 구분하는 연습도 함께 해볼 예정입니다.

Example

can	will
할 수 있다	할 것이다(의지)
일어날 수 있다	일어날 것이다(강한 확신)
can't	won't
못 한다	안 할 거다(의지)
일어날 수 없다	일어나지 않을 거다(강한 확신)

Snowball speaking training
눈덩이 굴리듯 문장 말하기 훈련

그림의 번호 순서대로 이미지를 연상해 보고 말하기 연습을 해보세요.

신용 카드로 계산해도 돼요?

Can I pay
계산해도 돼요?

Can I pay by credit card?
신용 카드로 계산해도 돼요?

나 내일 아침 8시에 회사에 있을 거야.

I will be at work
나 회사에 있을 거야

I will be at work at 8 a.m.
나 아침 8시에 회사에 있을 거야

I will be at work at 8 a.m. tomorrow.
나 내일 아침 8시에 회사에 있을 거야.

내가 너 집까지 태워다 줄게.

I will drive
내가 태워다 줄게

I will drive you
내가 너 태워다 줄게

I will drive you home.
내가 너 집까지 태워다 줄게.

Challenge yourself
스스로 말해보기

눈덩이 훈련과 끊어 읽기 연습을 하며, 영어 리듬감을 익혀보세요.

❶ 그거 여기에 두셔도 돼요.
   You can leave it / here.

❷ 내가 너한테 알려줄게.
   I will let you know.

❸ 나 거기 안 갈 거야.
   I won't go there.

❹ 너 그거 빼내도 돼.
   You can take it out.

❺ 카드로 계산할게요.
   I will pay / by credit card.

❻ 난 아무 말도 못 하겠어.
   I can't say anything.

실전 감각 기르기

Dialogue 1

 I'm driving right now. I will call you back in 5 minutes.
나 지금 운전 중이라. 내가 5분 후에 다시 전화할게.

 Okay, *no rush!
알겠어, 급하지 않아!

Dialogue 2

 It's already 11. *I should get going.
벌써 11시네요. 저는 이제 집에 가봐야겠어요.

 I will *drive you home.
내가 차로 집까지 태워줄게요.

 Thank you!
감사합니다!

* **no rush** 급하지 않은
* **I should get going.** 가봐야겠어요.
* **drive (someone) home** 누군가를 집에 태워다 주다

Day 33

조동사 will VS. would

> **I'd like to make a dinner reservation for two.**
>
> 저 2명 저녁 예약하고 싶어요.

 **Learning point 핵심 포인트**

조동사 will에 상황적/사회적 거리감을 표현하는 '-d'를 추가한 would는 will에 비해 '불확실성, 현실과의 거리감, 주저, 신중, 공손'의 느낌을 갖게 됩니다. 즉, 'I will be back!'은 '나 돌아올게!', 'I would be back.'은 '돌아올... 것... 같아...' 정도의 느낌이 되는 거죠. 특히 '~가 (하는 것이) 좋을 것 같아요'의 의미인 'I would(= I'd) like **명사**' 혹은 'I would(= I'd) like **to 동사**'의 구조는 부드럽고 공손한 느낌을 주기 때문에 일상 대화에서 정말 많이 사용됩니다.

Example

- **Would** you like something to drink?

  마실 것 좀 드릴까요?

- **I'd** like coffee.

  저는 커피로 할게요(좋을 것 같아요).

- **I'd** like to have coffee.

  저는 커피로 할게요(좋을 것 같아요).

- Coffee **would** be nice.

  커피가 좋겠네요.

Snowball speaking training
눈덩이 굴리듯 문장 말하기 훈련

그림의 번호 순서대로 이미지를 연상해 보고 말하기 연습을 해보세요.

저 이 책들 반납하고 싶은데요.

I'd like to
저 ~하는 것이 좋을 것 같아요

I'd like to return
저 반납하고 싶은데요

I'd like to return these books.
저 이 책들 반납하고 싶은데요.

저 4명 점심 예약하고 싶어요.

I'd like to
저 ~하는 것이 좋을 것 같아요

I'd like to make a lunch reservation
저 점심 예약하고 싶어요

I'd like to make a lunch reservation for four.
저 4명 점심 예약하고 싶어요.

더블룸으로 2박 부탁드려요.

I'd like
~가 좋을 것 같아요

I'd like a double room
더블룸으로 부탁드려요

I'd like a double room for 2 nights, please.
더블룸으로 2박 부탁드려요.

Challenge yourself
스스로 말해보기

눈덩이 훈련과 끊어 읽기 연습을 하며, 영어 리듬감을 익혀보세요.

① 저 연어 샌드위치에 양파 빼고 부탁드려요.
I'd like a salmon sandwich / with no onions, / please.

② 저는 창가(통로) 좌석이 좋을 것 같아요.
I'd like a window seat(an aisle seat), / please.

③ 저희 체크인하고 싶은데요.
We'd like to check in.

④ 저 이거 반납하고 싶은데요.
I'd like to return this.

⑤ 마실 것 좀 드릴까요?
Would you like something *to drink?

⑥ 스테이크 익힌 정도는 어떻게 하시겠어요?
How **would** you like your steak?

실전 감각 기르기

Dialogue 1

 Would you like something to drink?
마실 것 좀 드릴까요?

 Just water would be nice.
그냥 물이면 될 것 같아요.

Dialogue 2

 How would you like your steak?
스테이크 익힌 정도는 어떻게 하시겠어요?

 Medium rare, please. And could I also have some *steamed vegetables?
미디엄 레어로 해주세요. 그리고 익힌 채소도 좀 추가할 수 있을까요?

 Absolutely! I'll bring those with your steak.
당연하죠! 스테이크와 함께 가져다드릴게요.

* **to drink** 마실
* **steamed** 익힌, 찐

Day 34

How could you ~? '너 어떻게 ~할 수가 있어?'

How could you not notice?

어떻게 못 알아챌 수 있어?

Learning point 핵심 포인트

'How could 주어 + 동사 ~?'의 표현 속에 조동사 could가 사용되었죠? could는 상황적/사회적 거리감을 표현하는 '-d'를 사용해, 선명도(일어날 확률)가 낮은 느낌과 현실과의 거리감을 주죠. 그래서 위 표현은 '그게 일어날 수가 있는 일인가?, 어떻게 그럴 수가 있지?' 정도의 뉘앙스로 사용됩니다. 여기서 특히 중요한 것은 '덩어리'로 소리를 익히고, 그 의미를 체득하는 것입니다. 내가 도무지 이해할 수 없는 상황이 벌어졌을 때 자동적으로 'How could you (동사) ~?'의 표현과 소리가 생각날 수 있도록 '그 느낌'을 기억해 두세요!

Example

- **How could you forget my birthday?**
  어떻게 내 생일을 까먹을 수가 있어?

- **How could he believe it?**
  어떻게 그는 그걸 믿을 수가 있어?

- **How could you not notice?**
  어떻게 못 알아챌 수가 있어?

Snowball speaking training
눈덩이 굴리듯 문장 말하기 훈련

그림의 번호 순서대로 이미지를 연상해 보고 말하기 연습을 해보세요.

그녀는 어떻게 네 생일을 까먹을 수가 있지?

How could she
그녀는 어떻게 그럴 수가 있지?

How could she forget
그녀는 어떻게 까먹을 수가 있지?

How could she forget your birthday?
그녀는 어떻게 네 생일을 까먹을 수가 있지?

내가 어떻게 부모님께 말씀드릴 수가 있겠니?

How could I
내가 어떻게 그럴 수가 있겠니?

How could I tell
내가 어떻게 말할 수가 있겠니?

How could I tell my parents?
내가 어떻게 부모님께 말씀드릴 수가 있겠니?

너 어떻게 피자 마지막 한 조각을 먹을 수가 있어?

How could you
너 어떻게 그럴 수가 있어?

How could you eat
너 어떻게 먹을 수가 있어?

How could you eat the last slice of pizza?
너 어떻게 피자 마지막 한 조각을 먹을 수가 있어?

Challenge yourself
스스로 말해보기

눈덩이 훈련과 끊어 읽기 연습을 하며, 영어 리듬감을 익혀보세요.

❶ 제가 당신을 어떻게 잊겠어요?
   How could I / forget you?

❷ 어떻게 그렇게 말할 수가 있어?
   How could you say that?

❸ 너 나한테 어떻게 이럴 수가 있어?
   How could you do this / to me?

❹ 그녀는 어떻게 그걸 믿을 수가 있는 거지?
   How could she believe it?

❺ 그는 어떻게 눈치를 못 챌 수가 있는 거지?
   How could he / not notice?

❻ 어떻게 그런 일이 일어날 수가 있는 거지?
   How could that *happen?

실전 감각 기르기

Dialogue 1

 When was your birthday?
너 생일 언제였다고?

 How could you forget my birthday? I've told you a hundred times!
어떻게 내 생일을 까먹을 수가 있어? 내가 백번 말했는데!

Dialogue 2

 She *missed the flight this morning.
걔 오늘 아침에 비행기 놓쳤어.

 How could she miss the flight?
어떻게 걔는 비행기를 놓칠 수가 있지?

* **happen** 일어나다, 발생하다
* **miss** 놓치다

Day

35

미래 표현 will VS. be going to VS. be Ving

I am going to go out this evening.

나 오늘 저녁에 나가려고 해.

Learning point 핵심 포인트

'미래'라는 것은 아직 일어나지 않은 일로, 실제로 일어날 수 있을지는 모르는 부분이죠. 결국 '미래'의 표현은 추측(확률)이라고 볼 수 있는데요. 미래를 표현하는 대표적인 3가지 방식과 각 쓰임의 미묘한 차이를 알아보도록 하겠습니다. will은 나의 강한 의지, 다른 주어의 행동에 대한 확신, 강한 추측, 즉각적인 반응/결정을 나타내고, '~할 거야!' 같은 의미를 갖습니다. be going to는 마음을 이미 먹고, 이미 예정된 것으로 '~하려고, ~하기로 했어'라는 의미이고, 마지막 be Ving는 '한다, 해요'의 뜻으로, 확실히 정해져 있고, 가까이 곧 일어날 일인 경우에 사용해요.

Example

- **I will get it.**
  (어! 피자 왔다!) 내가 받을게!

- **I am going to grab some coffee.**
  나 커피 마시러 가려고.

  ∴ 구어체로는 I'm going to를 I'm gonna라고 할 수도 있어요.

- **The train is coming in 5 minutes.**
  열차가 5분 후에 도착합니다.

Snowball speaking training
눈덩이 굴리듯 문장 말하기 훈련

그림의 번호 순서대로 이미지를 연상해 보고 말하기 연습을 해보세요.

공항가는 열차 5분 뒤에 와.

The train for the airport
공항가는 열차

The train for the airport is coming
공항가는 열차 와

The train for the airport is coming in 5 minutes.
공항가는 열차 5분 뒤에 와.

내가 그녀를 집에 바래다줄게.

I will take
내가 데려갈게

I will take her
내가 그녀를 데려갈게

I will take her home.
내가 그녀를 집에 바래다줄게.

이번 겨울에 할머니, 할아버지 뵈러 갈 예정이야.

I am going to visit
방문할 예정이야

I am going to visit my grandparents
할머니, 할아버지 뵈러 갈 예정이야

I am going to visit my grandparents this winter.
이번 겨울에 할머니, 할아버지 뵈러 갈 예정이야.

Challenge yourself
스스로 말해보기

눈덩이 훈련과 끊어 읽기 연습을 하며, 영어 리듬감을 익혀보세요.

❶ 나 오늘 여친 만나기로 했어(예정됨).
   I am going to meet my girlfriend / today.

❷ 나 로비로 내려간다!
   I'm going down / to the lobby.

❸ 내가 이따가 다시 전화할게.
   I will call you back / later.

❹ 너한테 부탁하려고 했는데... 그럼 대신 Chris한테 부탁할게.
   I was going to ask you. / But then / **I will** ask Chris / *instead.

❺ (아니... 아까부터) 숙제하려고 했어...!
   I was going to do my homework.

❻ 너 이번 주말에 뭐 할 거야(생각해 둔 거나 예정된 것 있어)?
   What **are** you **going to** do / this weekend?

실전 감각 기르기

Dialogue 1

Hey, she's really drunk. How are we going to *get her home?
야, 얘 너무 취했다. 집에 어떻게 보내지?

Don't worry. I will take care of her.
걱정 마. 내가 챙길게.

Dialogue 2

Is Sam coming to the party tomorrow?
Sam 내일 파티에 와?

No, he is not coming.
아니, 그는 안 와.

Oh, I see. *Thanks for letting me know!
아, 알겠어. 알려줘서 고마워!

* instead 대신에
* get (someone) home (누구를) 집에 데려다주다
* Thanks for ~에 대해 고마워하다

Day 36

'~해야 한다' should VS. have to

Should we exchange some money?

우리 환전을 좀 해야 하려나?

Learning point 핵심 포인트

should와 have to 둘 다 '해야 한다'의 의미이지만, 이 둘은 강도의 차이가 있는데요. should는 '(당연히, 마땅히) 해야 할 것 같다, 하는 것이 좋다'는 정도의 느낌이며, 보통 I think와 함께 가벼운 조언이나 권유를 할 때 사용합니다. 반면, have to는 의무나 필수적인 상황을 나타내며, '꼭 해야만 한다'는 강한 의미를 가집니다. 즉, should는 선택의 여지가 있지만 have to는 필수적인 상황을 나타내는 거죠. 또한 다른 조동사와 달리 have to는 do동사의 변형과 동일한 방식으로 부정문과 의문문이 바뀌는 것을 기억해 두세요!

Example

should 해야 될 것 같아 당연히 그럴 거야 (당연히, 마땅히)	have to 해야만 해 (꼭, 반드시)
I should go. Should I go? I shouldn't go. (모든 주어 동일)	I have to go. He has to go. Do you have to go? Does he have to go?

Snowball speaking training
눈덩이 굴리듯 문장 말하기 훈련

그림의 번호 순서대로 이미지를 연상해 보고 말하기 연습을 해보세요.

내 생각에 우리 일 끝나고 장을 보러 가야 할 것 같아.

I think we should go
내 생각에 우리 가야 할 것 같아

I think we should go grocery shopping
내 생각에 우리 장을 보러 가야 할 것 같아

I think we should go grocery shopping after work.
내 생각에 우리 일 끝나고 장을 보러 가야 할 것 같아.

(내일 안 늦으려면) 우리 오늘 일찍 자야 해!

We have to go to bed
우리 자야 해

We have to go to bed early
우리 일찍 자야 해

We have to go to bed early today.
우리 오늘 일찍 자야 해!

나 저녁 먹기 전에 숙제 끝내야 해.

I have to finish
나 끝내야 해

I have to finish my homework
나 숙제 끝내야 해

I have to finish my homework before dinner.
나 저녁 먹기 전에 숙제 끝내야 해.

159

Challenge yourself
스스로 말해보기

눈덩이 훈련과 끊어 읽기 연습을 하며, 영어 리듬감을 익혀보세요.

① 너 뭐 좀 먹어야 할 것 같은데.
   I think / you should eat something.

② 나 오늘 월세 내야 돼.
   I have to pay the rent / today.

③ (남편이 못 가서) 오늘은 제가 일 끝나고 아들 픽업해야 해요.
   I have to *pick up my son / after work today.

④ 나 병원에 가봐야 할까?
   Should I go to the hospital?

⑤ 내 생각에 너 지금 우회전해야 할 것 같은데.
   I think / you should make a right turn / now.

⑥ (구비된 노트북 없으니) 노트북 가지고 오셔야 돼요.
   You have to bring your laptop.

실전 감각 기르기

Dialogue 1

 I can't focus today.
오늘 집중이 잘 안돼.

 I think you should *get some sleep.
너 잠을 좀 자야 할 것 같은데.

Dialogue 2

 Are you still *working on that email?
아직 그 이메일 작업 중이야?

 Yeah, but I'm almost done.
응, 근데 거의 다 끝났어.

 Do you have to send that email today?
너 그 이메일 오늘 꼭 보내야 해?

---

* **pick up** ~를 (차에) 태우러 가다
* **get some sleep** 잠을 자다
* **work on** 매진하여 진행하다, 애쓰다, 노력을 기울이다

Day 37

You don't have to ~, if 주어+동사 '~할 필요 없어 네가 ~한다면'

> ## You don't have to go there if you don't want to.
> 너 거기 안 가도 돼, 네가 원치 않으면.

Learning point 핵심 포인트

have to는 '꼭 해야만 한다'는 의미이며, 부정문과 의문문은 do동사의 변형과 동일한 방식을 따른다는 특징이 있었습니다. 즉, have to의 부정은 don't have to의 형태를 띠며, '~할 필요가 없다'의 의미를 가집니다. 주어가 3인칭 단수일 경우엔 doesn't have to가 되고요. 더불어 여기에 'if + 주어 + 동사(만약에 ~한다면)'를 추가하여 'You don't have to go there, if you don't want to.(너 거기 안 가도 돼, 네가 원치 않으면)'과 같이 하나의 덩어리 패턴으로 알아두시면 유용하게 사용하실 수 있을 거예요!

Example

- **You don't have to go there.**
  거기 안 가도 돼.

- **You don't have to answer.**
  대답 안 해도 돼.

- **You don't have to be here.**
  여기 안 있어도 돼.

Snowball speaking training
눈덩이 굴리듯 문장 말하기 훈련

그림의 번호 순서대로 이미지를 연상해 보고 말하기 연습을 해보세요.

나한테 얘기 안 해도 돼, 네가 원치 않으면.

You don't have to tell
얘기 안 해도 돼

You don't have to tell me
나한테 얘기 안 해도 돼

You don't have to tell me if you don't want to.
나한테 얘기 안 해도 돼, 네가 원치 않으면.

그거 다 먹을 필요 없어, 못 먹겠으면.

You don't have to eat
먹을 필요 없어

You don't have to eat it all
그거 먹을 필요 없어

You don't have to eat it all if you can't.
그거 다 먹을 필요 없어, 못 먹겠으면.

너 여기 우리랑 같이 안 있어도 돼, 네가 원치 않으면.

You don't have to be here
너 여기 안 있어도 돼

You don't have to be here with us
너 여기 우리랑 같이 안 있어도 돼

You don't have to be here with us if you don't want to.
너 여기 우리랑 같이 안 있어도 돼, 네가 원치 않으면.

163

Challenge yourself
스스로 말해보기

눈덩이 훈련과 끊어 읽기 연습을 하며, 영어 리듬감을 익혀보세요.

❶ 너 걔 안 봐도 돼, 네가 원치 않으면.
   You don't have to see him / if you don't want to.

❷ 너 이거 안 해도 돼, 네가 원치 않으면.
   You don't have to do this / if you don't want to.

❸ 우리 여기 안 있어도 돼, 네가 원치 않으면.
   We don't have to be here / if you don't want to.

❹ 피곤하면 안 와도 돼.
   If you're tired, / you don't have to come.

❺ 대답할 필요 없어, 네가 원치 않으면.
   You don't have to answer / if you don't want to.

❻ 공유하지 않아도 돼, 네가 원치 않으면.
   You don't have to share / if you don't want to.

실전 감각 기르기

Dialogue 1

 This cake is too sweet. I can't eat anymore.
이 케이크 너무 달다. 더는 못 먹겠어.

 You don't have to eat it all if you can't.
못 먹겠으면 다 안 먹어도 돼.

Dialogue 2

 Can I ask you something *personal?
개인적인 거 뭐 하나 물어봐도 돼?

 Sure, *go ahead.
응, 물어봐.

 Are you seeing anyone right now?
You don't have to answer if you don't want to.
지금 누구 만나는 사람 있어? 대답할 필요 없어, 네가 원치 않으면.

* **personal** 개인적인, 사적인
* **Go ahead.** (허락) ~하세요.

Day

38

have로 사물의 특징 표현하기 1

This video got(has) a million views.

이 영상은 100만 뷰를 찍었어요!

Learning point 핵심 포인트

한국어는 '붙어있다, 써있다, 찍혀있다, 달려있다'와 같이 서술어를 디테일하게 사용하는 경향이 있습니다. 그렇기 때문에 이를 영어로 하려고 하면 말문이 막혀버리죠. 하지만 문장을 바라보는 '영어 사고방식 2가지'만 이해한다면 정말 간단하게 표현할 수 있게 됩니다. ① "(사물 주어)가 (이러이러)하다."로 생각을 전환해보기 ② 디테일 한 서술어를 단순화하여 쉬운 단어로 생각하기. 이 2가지 감각이 생기면 주변의 정말 많은 것들을 영어로 말할 수 있게 될 거예요.

Example

- **It has my name on it.**
  여기에 내 이름이 붙어있어. (이게 내 이름을 가지고 있어 여기에.)

- **This video got(has) a million views.**
  이 영상은 100만 뷰를 찍었어요. (이 영상은 100만 뷰를 얻었어요.)

- **It doesn't have a barcode on it.**
  이건 바코드가 안 찍혀있네. (이건 바코드를 가지고 있지 않네.)

- **The GPS says we should *make a right turn now.**
  내비 보니까 우리 지금 우회전해야 한대. (내비가 우리 지금 우회전하래.)

166

Snowball speaking training
눈덩이 굴리듯 문장 말하기 훈련

그림의 번호 순서대로 이미지를 연상해 보고 말하기 연습을 해보세요.

여기에 숫자가 되게 많이 써있어.

It has
이게 가지고 있어

It has a lot of numbers
여기에 숫자가 되게 많이 있어

It has a lot of numbers on it.
여기에 숫자가 되게 많이 써있어.

여기 안에 우유가 들어있나요?

Does it have
이게 가지고 있나요?

Does it have milk?
이게 우유를 가지고 있나요?

Does it have milk in it?
여기 안에 우유가 들어있나요?

내비 보니까 우리 다음 출구로 나가야 한대.

The GPS says
내비가 하래

The GPS says we should take
내비 보니까 우리 나가야 한대

The GPS says we should *take the next exit.
내비 보니까 우리 다음 출구로 나가야 한대.

167

Challenge yourself
스스로 말해보기

눈덩이 훈련과 끊어 읽기 연습을 하며, 영어 리듬감을 익혀보세요.

❶ 이건 손잡이가 안 달려있네.
It doesn't have a handle / on it.

❷ 여기 위에 토핑이 되게 많이 올려져 있네.
It has a lot of toppings / on it.

❸ 이 영상에는 댓글이 진짜 많이 달렸다.
This video has(got) a lot of comments.

❹ 지도 보니까 기차 5분 뒤에 온다고 하네.
The map says / the train is coming / in 5 minutes.

❺ 거기에 가격표가 붙어있을 거예요.
It should have a price tag / on it.

❻ 여기 안에 배터리가 들어있나요?
Does it have a battery / in it?

실전 감각 기르기

Dialogue 1

 Can I have a chicken quesadilla, please? Does it have cilantro in it?
치킨 케사디야 하나 주세요. 거기에 고수 들어가나요?

 Yes, it does. But if you don't like it, I can leave it out.
네, 들어갑니다. 근데 싫어하시면 빼드릴 수 있어요.

Dialogue 2

 Which way should we go?
어느 쪽(길)으로 가야 하지?

 I'm not sure, let me check the map.
잘 모르겠어, 지도 좀 확인해 볼게.

 The GPS says we should turn left at the next *intersection.
내비가 다음 교차로에서 왼쪽으로 가라고 하네.

* make a right turn 우회전하다
* take the next exit 다음 출구로 나가다
* intersection 교차로

Day 39
have로 사람의 특징 표현하기

I have a cramp in my leg.

나 다리에 쥐 났어.

Learning point 핵심 포인트

언어에는 단순히 단어나 문법만 안다고 해서 해결되지 않는 부분들이 있죠. 이것이 바로 '영어식 사고방식'인데요. '저는 발볼이 넓어요.'를 직역해 'My feet are wide.' 이라고 한다면, 이는 단순히 객관적인 사물의 상태나 특징을 직접적으로 말하는 듯한 느낌을 줍니다. 대신, 'I have wide feet(난 넓은 발볼을 가지고 있어).'처럼 표현하죠. 즉, '(주어)는 ~한 OO을 가지고 있다(have)'로 표현하는 경우가 굉장히 흔합니다. 이렇게 '사고의 수정 과정'을 거치다 보면, 비슷한 문장을 만났을 때 영어식 사고로 바라볼 수 있는 눈이 길러지실 거예요!

Example

- **You have** a really pretty name.
  이름이 참 예쁘시네요. (당신은 예쁜 이름을 가지고 있네요.)

- **I have** a stuffy nose.
  코가 막혀. (나는 코가 막히는 질병/증상을 가지고 있어.)

- **I have** no sense of direction.
  저는 길치예요. (저는 길에 대한 둔한 감각을 가지고 있어요.)

Snowball speaking training
눈덩이 굴리듯 문장 말하기 훈련

그림의 번호 순서대로 이미지를 연상해 보고 말하기 연습을 해보세요.

나 오늘 아침에 다리에 쥐 났었어.

I had a cramp
나 쥐 났었어

I had a cramp in my leg
나 다리에 쥐 났었어

I had a cramp in my leg in the morning.
나 오늘 아침에 다리에 쥐 났었어.

저는 생리통이 심해요.

I have
저는 가지고 있어요

I have *severe cramps
저는 경련(쥐)이 심해요

I have severe cramps *on my period.
저는 생리통이 심해요.

그녀는 유머 감각이 되게 좋아.

She has
그녀는 가지고 있어

She has a good sense
그녀는 좋은 감각을 가지고 있어

She has a good sense of humor.
그녀는 유머 감각이 되게 좋아.

171

Challenge yourself
스스로 말해보기

눈덩이 훈련과 끊어 읽기 연습을 하며, 영어 리듬감을 익혀보세요.

❶ 너 진짜 기억력 좋다.
You have a / really good memory.

❷ 넌 손이 되게 크구나.
You have / really big hands.

❸ 저는 발볼이 넓어요.
I have wide feet.

❹ 나 콧물 나고 열이 나.
I have a runny nose / and a fever.

❺ 피부가 건조하시면, 제 생각엔 이 크림 쓰셔야 해요.
If **you have** dry skin, / I think you should / use this cream.

❻ 저는 상체가 길어요.
I have a long torso.

실전 감각 기르기

Dialogue 1

 Are you okay?
괜찮아?

 I have a cough and a fever.
기침하고 열이 나.

 You should see a doctor and get some sleep.
병원에 가보고 푹 좀 자야겠다.

Dialogue 2

 Where are you going?
어디 가시는 거예요?

 Oh, well, I think *I'm lost. I have no sense of direction.
아, 이런, 길을 잃은 것 같아요. 제가 길치여서요.

* **severe** 극심한, 심각한
* **on my period** 생리 중인
* **I'm lost.** 나 길을 잃었어.

Day 40

have로 사물의 특징 표현하기 2

This table has sharp edges.

이 탁자는 모서리가 날카롭네.

Learning point 핵심 포인트

'여기 호텔은 조식이 진짜 맛있어.', '그 카페는 의자가 되게 편해.'
이들의 공통점 혹시 발견하셨나요? 바로 주어가 2개인 듯한 느낌을 주는 문장이라는 점인데요. 이런 문장들을 막상 영어로 하려고 하면 말문이 막히게 되죠. 이런 경우는 우선 영어식으로 사고 전환(문장 재구성)이 필요합니다. 한국어로는 'A는 B가 ~하다'처럼 주어가 2개인 듯한 문장을 'A는 ~한 B를 가지고 있다(have)'로 전환해서 생각해 보세요. 주변에 꽤 많은 경우가 이에 해당하여 표현이 가능한 문장들이 확 늘어나게 되실 거예요!

Example

- **This hotel has** a really good breakfast.
  여기 호텔은 조식이 진짜 맛있어. (여기 호텔은 진짜 맛있는 조식을 가지고 있어.)

- **The café has** very comfortable chairs.
  그 카페는 의자가 되게 편해. (그 카페는 되게 편한 의자를 가지고 있어.)

- **This table has** sharp edges.
  이 탁자는 모서리가 날카롭네. (이 탁자는 날카로운 모서리를 가지고 있네.)

Snowball speaking training
눈덩이 굴리듯 문장 말하기 훈련

그림의 번호 순서대로 이미지를 연상해 보고 말하기 연습을 해보세요.

이 탁자는 모서리가 날카롭네.

This table's edges are sharp…?
이 탁자의 모서리는 날카롭네.

→ **This table has**
　이 탁자는 가지고 있어

→ **This table has sharp edges.**
　이 탁자는 모서리가 날카롭네.

저희 집은 주방이 커요.

My house's kitchen is big…?
저희 집의 주방은 커요.

→ **My house has**
　저희 집은 가지고 있어요

→ **My house has a big kitchen.**
　저희 집은 주방이 커요.

여기 호텔은 조식이 진짜 맛있어.

This hotel's breakfast is good…?
여기 호텔의 조식은 맛있어.

→ **This hotel has**
　여기 호텔은 가지고 있어

→ **This hotel has a really good breakfast.**
　여기 호텔은 조식이 진짜 맛있어.

Challenge yourself
스스로 말해보기

눈덩이 훈련과 끊어 읽기 연습을 하며, 영어 리듬감을 익혀보세요.

❶ 이 카메라는 배터리가 오래 가.
   This camera has a / long *battery life.

❷ 그 골프장은 뷰가 진짜 좋아.
   The golf course has a / really nice view.

❸ 이 책은 제목이 어려워.
   This book has a / difficult title.

❹ 이 방은 창문이 크네.
   This room has / big windows.

❺ 저 집은 버거가 진짜 맛있어.
   They have / really good burgers.

❻ 이 노래는 멜로디가 중독적이야.
   This song has a / *catchy melody.

실전 감각 기르기

Dialogue 1

Have you heard this song?
이 노래 들어봤어?

Yes, I love it! This song has a catchy melody.
응, 나 완전 좋아해! 이 노래는 멜로디가 정말 중독적이야.

Dialogue 2

Do you have a *go-to restaurant around here?
이 근처에 자주 가는 레스토랑이 있어?

Yep, this restaurant has really good reviews. You should try it.
응, 이 레스토랑 후기가 정말 좋아. 한번 가봐.

* **battery life** 배터리 수명
* **catchy** 기억하기 쉬운, 귀에 착 감기는
* **go-to** 자주 찾는

Day 41

영어와 한국어의 차이 이해하기

Where am I?

여기가 어디죠?

Learning point 핵심 포인트

한국어 문장을 직역했을 때, 벽에 부딪히고 이상해지는 경우가 많은데 왜 그런 걸까요? 물론 다양한 이유가 있겠지만, 상황을 바라보는 '시선의 방향'이 다른 경우가 많기 때문입니다. 예를 들어, '여기가 어디죠?'를 직역하면 'Where is here?'과 같이 말하기 쉬운데, 영어로는 'Where am I?' 라고 하는 것만 봐도 같은 상황을 바라보는 '시선의 방향, 표현 방식'이 다르다는 것이 느껴지죠. 즉, 직역한 영어가 어색하게 느껴질 때는 '내가 처음 한국어로 떠올린 주어와는 다른 주어로 바꿔 보는 것', '상황의 시선을 반대로 바꿔보는 것'이 중요합니다.

Example

- **Do you know me…?** → **Do I know you?**
  저 아세요? (우리 만난 적이 있나요?)

- **Your shirt is pretty…??** → **I love your shirt.**
  네 셔츠 예쁘다!

- **You talk like my mom…??** → **You sound like my mom.**
  너 되게 우리 엄마같이 말한다.

Snowball speaking training
눈덩이 굴리듯 문장 말하기 훈련

그림의 번호 순서대로 이미지를 연상해 보고 말하기 연습을 해보세요.

(숨바꼭질 중) 여기 있네!

Here you are! (X)

→ **I see you!**
(숨바꼭질 중) 여기 있네!

아, 깜짝이야! (누가 놀라게 했을 때)

I'm surprised...?? (X)

→ **You scared me!**
아, 깜짝이야! (누가 놀라게 했을 때)

먼저 가세요.

You go first...?? (틀리진 X)

→ **After you.**
먼저 가세요.

Challenge yourself
스스로 말해보기

눈덩이 훈련과 끊어 읽기 연습을 하며, 영어 리듬감을 익혀보세요.

① 나 스페인어 독학했어.
I taught myself Spanish.

② 너 오늘 옷 입은 거 예쁘다!
I love your *outfit / today.

③ 그거 Costco에 있을 거야.
You can find it / at Costco.

④ 여기 몇 시에 열고 닫아요?
What time do you guys / open and close?

⑤ 너 일본어 어떻게 독학한 거야?
How did you teach yourself / Japanese?

⑥ 너 사진빨 되게 잘 받는다.
The camera loves you!

실전 감각 기르기

Dialogue 1

I love your outfit today!
너 오늘 옷 되게 예쁘다!

Thanks! It's *one of my favorites.
고마워! 이거 내가 제일 좋아하는 옷 중 하나야.

Dialogue 2

Excuse me, what time do you guys open and close?
실례지만, 여기 몇 시에 여시고 몇 시에 닫으세요?

We open at 10 a.m. and close at 8 p.m.
오전 10시에 열고 오후 8시에 닫아요.

Perfect! I'll *come by after work.
좋네요! 퇴근 후에 들를게요.

---

* **outfit** 옷, 착장
* **one of my favorites** 내가 제일 좋아하는 것들 중 하나
* **come by** 잠깐 들르다

Day 42

찌끄레기(부사)의 개념 - to부정사 (~하려고)

I do cardio to lose weight.

나 살 빼려고 유산소 해.

Learning point 핵심 포인트

'살 빼려고'와 같이 이유나 목적을 말하기 위해서는 to V(동사원형)을 사용합니다. 영어는 단어마다 들어가야 할 순서와 자리가 정해져 있다고 말씀드렸던 것처럼, '~하려고(하기 위해서)'와 같이 '미래의 이유나 목적'을 덧붙일 때는 기본 문장 뼈대 뒤에 to V의 형태로 추가해서 말할 수 있어요. 이때, to 뒤에는 동사원형을 써야 함을 기억해 주세요. 참고로 이 to V 부분은 뼈대 문장 뒤에 붙이는 것도 가능하고, 뼈대 문장 앞에 두는 것도 가능합니다.

Example

- **to see you**
  너를 보려고

- **to give you this**
  이걸 너에게 주려고

- **Double click to install.**
  설치하기 위해 더블 클릭 하세요.

- **I'm here to help you.**
  나 너 도와주려고 왔어.

Snowball speaking training
눈덩이 굴리듯 문장 말하기 훈련

그림의 번호 순서대로 이미지를 연상해 보고 말하기 연습을 해보세요.

나 너 이거 주려고 여기 온 거야.

I'm here
나 여기 온 거야

I'm here to give you
나 너 주려고 여기 온 거야

I'm here to give you this.
나 너 이거 주려고 여기 온 거야.

엔진 체크 좀 하게 차 좀 세우자.

Let's
~하자

Let's pull over
차 좀 세우자

Let's pull over to check the engine.
엔진 체크 좀 하게 차 좀 세우자.

셔츠에 묻지 않게 조심해.

(Be) careful
조심해

(Be) careful not to *stain
묻지 않게 하기 위해 조심해

(Be) careful not to stain your shirt.
셔츠에 묻지 않게 조심해.

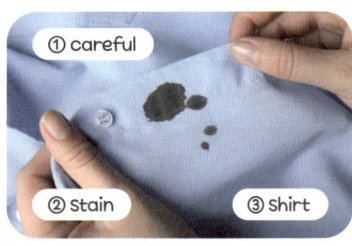

183

Challenge yourself
스스로 말해보기

눈덩이 훈련과 끊어 읽기 연습을 하며, 영어 리듬감을 익혀보세요.

❶ 저는 저희 가족을 방문하러 왔어요.
I'm here / to visit my family.

❷ 그 파스타를 만들려면 우린 버섯이 좀 필요해.
We need some mushrooms / to make the pasta.

❸ 그는 새 차를 사려고 돈을 모으고 있다.
He is saving money / to buy a new car.

❹ 나 뭐 좀 사려고 슈퍼에 들렀다 왔어.
I *stopped by / the grocery store / to buy something.

❺ 몇몇 사람들이 들어가려고 밖에서 기다리고 있어요.
Some people are waiting outside / to get in.

❻ 우리는 이번 주 금요일에 그녀의 생일을 축하하기 위해 모일 거야.
We're getting together / to celebrate her birthday / this Friday.

실전 감각 기르기

Dialogue 1

How's your diet going?
다이어트 잘 되고 있어? (어떻게 되어가는 중이야?)

I *cut down on carbs to lose weight.
체중 줄이려고 탄수화물을 줄였어.

Dialogue 2

Did you hear that? The car is making a strange noise.
(소리) 들었어? 차에서 이상한 소리가 나.

Let's pull over to check the engine.
엔진 체크 좀 하게 차 좀 세우자.

* **stain** 얼룩지다
* **stop by** 잠시 들르다
* **cut down** 줄이다

Day 43

찌그레기(부사)의 개념- 현재분사(~하면서)

I just stayed home doing nothing.

나 아무것도 안 하고 그냥 집에 있었어.

Learning point 핵심 포인트

기본적으로 영어에서 to V는 '미래, 나중'의 느낌을 가지고 있는 반면, Ving는 '현재, 동시에 일어나는' 느낌을 담고 있습니다. 기본 문장 뼈대에 to V를 연결하면 '~하려고(하기 위해서)'와 같이 '미래의 이유나 목적'을 덧붙일 수 있었죠. 그런데 여기에 Ving형태를 연결하게 되면 '~하면서'와 같이 '무언가 동시에 하고 있는 행위'를 덧붙여 말할 수 있습니다. Ving도 마찬가지로 동사원형에 -ing가 붙는 형태인 것도 기억해 주세요!

Example

뼈대	추가	
• I work out 저는 운동을 해요	**to lose weight.** + 살 빼려고	(미래, 나중 느낌)
• I work out 저는 운동을 해요	**listening to music.** + 음악 들으면서	(동시에 일어나는 느낌)

Snowball speaking training
눈덩이 굴리듯 문장 말하기 훈련

그림의 번호 순서대로 이미지를 연상해 보고 말하기 연습을 해보세요.

나 아무것도 안 하고 그냥 집에 있었어.

I just stayed
나 그냥 있었어

I just stayed at home
나 그냥 집에 있었어

I just stayed at home doing nothing.
나 아무것도 안 하고 그냥 집에 있었어.

어제 나랑 David는 넷플릭스 보면서 그냥 집에 있었어.

Yesterday David and I just stayed
어제 나랑 David는 그냥 있었어

Yesterday David and I just stayed home
어제 나랑 David는 그냥 집에 있었어

Yesterday David and I just stayed home watching Netflix.
어제 나랑 David는 넷플릭스 보면서 그냥 집에 있었어.

그는 나를 쳐다보며 문 앞에 서 있었다.

He was standing
그는 서 있었다

He was standing in front of the door
그는 문 앞에 서 있었다

He was standing in front of the door looking at me.
그는 나를 쳐다보며 문 앞에 서 있었다.

Challenge yourself
스스로 말해보기

눈덩이 훈련과 끊어 읽기 연습을 하며, 영어 리듬감을 익혀보세요.

❶ 나 친구랑 그 드라마 정주행하면서 집에 있었어.
I stayed home / *binge-watching the *show / with my friend.

❷ 우리는 저녁을 기다리면서 게임을 했다.
We played games / waiting for dinner.

❸ 나 너 기다리면서 메뉴 보고 있었어.
I was reading the menu / waiting for you.

❹ 나는 가게로 걸어가면서 친구한테 문자를 보내고 있었어.
I was texting my friend / walking to the store.

❺ 그녀는 음악을 들으면서 시험 공부를 했다.
She studied for her exam / listening to music.

❻ 나 팝콘 먹으면서 영화 보고 있어.
I'm watching a movie / eating popcorn.

실전 감각 기르기

Dialogue 1

 What did you do yesterday?
어제 뭐 했어?

 I just stayed home all day doing nothing.
그냥 하루 종일 집에 있으면서 아무것도 안 했어.

Dialogue 2

 What took you so long?
왜 이렇게 오래 걸렸어?

 I'm really sorry. The traffic was really bad.
진짜 미안해. 차가 너무 막혔어.

 ***Nah, it's fine.
I was just reading the menu waiting for you.**
에이~ 괜찮아. 너 기다리면서 메뉴 보고 있었어.

* **binge-watch** (드라마 등을) 몰아서 보다
* **show** 드라마, 쇼, 프로그램
* **Nah** '에이~ 아니야, 에이~ 아닐걸'의 의미 (단순히 '아니'와 같은 느낌보다는)

Day 44

찌끄레기(부사)의 개념 – 접속사 when(~할 때)

I first met him when I was in middle school.

저는 그를 중학교 때 처음 만났어요.

Learning point 핵심 포인트

뼈대 문장에 또 다른 문장을 연결할 때 사용하는 when(접속사)은 '~할 때'의 의미로 사용됩니다. 이때 when 뒤에는 '주어＋동사'의 형태가 오며, 'when 주어＋동사'가 덩어리로 움직인다면 뼈대 문장의 맨 앞에 오는 것도 가능합니다. yesterday와 같이 뼈대 문장에 '추가'하는 개념을 '부사'라고 하는데요. 오늘 배우는 'when 주어＋동사'가 '덩어리 부사'인 셈이죠. 즉, '부사'의 확장 개념으로 이해하시면 더 쉬우실 거예요.

Example

- **I stayed home** + **yesterday**.
  나 어제 집에 있었어.

- **I stayed home** + **to watch the final**.
  나 결승전 보려고 집에 있었어.

- **I stayed home** + **watching Netflix**.
  나 넷플릭스 보면서 집에 있었어.

- **I stay home** + **when I get stressed out**.
  스트레스를 받을 때 저는 집에 있어요.

Snowball speaking training
눈덩이 굴리듯 문장 말하기 훈련

그림의 번호 순서대로 이미지를 연상해 보고 말하기 연습을 해보세요.

저는 그를 둘 다 그 회사에서 인턴으로 일할 때 처음 만났어요.

I first met him
저는 그를 처음 만났어요.

I first met him when we were both interns
저는 그를 둘 다 인턴으로 일할 때 처음 만났어요.

I first met him when we were both interns at the company.
저는 그를 둘 다 그 회사에서 인턴으로 일할 때 처음 만났어요.

저는 스트레스받을 때 헬스장에 가요.

I go
저는 가요.

I go to the gym
저는 헬스장에 가요.

I go to the gym when I get stressed out.
저는 스트레스받을 때 헬스장에 가요.

내 친구들 중 몇몇은 술을 마시면 얼굴이 빨개져.

Some of my friends
내 친구들 중 몇몇

Some of my friends *turn red
내 친구들 중 몇몇은 얼굴이 빨개져

Some of my friends turn red when they drink alcohol.
내 친구들 중 몇몇은 술을 마시면 얼굴이 빨개져.

191

Challenge yourself
스스로 말해보기

눈덩이 훈련과 끊어 읽기 연습을 하며, 영어 리듬감을 익혀보세요.

① 저는 이거 중학교 때 샀어요.
I bought this / when I was in middle school.

② 나 그 책 중학교 때 읽었어.
I read the book / when I was in middle school.

③ 저는 중학교 때는 제 이름이 싫었어요.
When I was in middle school, / I hated my name.

④ 우리 가족은 내가 중학교 때 뉴질랜드로 이사를 갔어.
My family *moved to / New Zealand / when I was in middle school.

⑤ 스트레스받을 때 너는 보통 뭐해?
What do you usually do / when you get stressed out?

⑥ 저는 일할 때 커피를 엄청 마셔요.
When I work, / I drink a lot of coffee.

실전 감각 기르기

Dialogue 1

 How did you and Tom become friends?
Tom이랑 어떻게 친구가 됐어?

 I first met him when we were both interns at the company.
우리는 둘 다 그 회사에서 인턴으로 일할 때 처음 만났어요.

Dialogue 2

 I love your bag. Where did you get that?
네 가방 완전 예쁘다. 어디서 샀어?

 I bought this when I was in middle school.
나 이거 중학교 때 샀어.

 What? *Are you serious? It still looks new.
뭐라고? 진짜야? 아직도 새 것 같아 보이는데?

* **turn red** 빨개지다
* **move to** 이사가다
* **Are you serious?** 진심이야? 진짜야?

Day 45

왜냐하면, 때문에 because VS. since

Since you helped me, lunch is on me.

네가 나 도와줬으니까 점심은 내가 살게.

Learning point 핵심 포인트

영어에서 '이유'를 말할 때 보통 because만을 사용하는 경우가 많은데요. 그런데 무조건 because만 사용하면 어색한 경우가 있다는 것, 알고 계셨나요? 이는 '이유'를 말하는 또 다른 표현인 since의 사용이 생소하시기 때문인데요. 두 개의 차이를 살펴보면, because는 '상대방이 몰랐던' 이유를 말해줄 때, 즉, 기본적으로 'Why?'에 대한 대답을 할 때의 그 느낌입니다. 반면, since는 이유를 언급하는 것은 맞으나 상대가 알만한, 이미 인지하고 있을 만한 이유나 원인을 말할 때 사용해요. 그래서 그 이유보다는 '그 이유로 인해 발생하는 결과를 말하고자 할 때' 쓰입니다.

Example

- I couldn't sleep < because the bed was so uncomfortable.
　　　　　　　　　　　(이유)

　침대가 너무 불편해서 잠을 못 잤어.

- Since it's Christmas, < let's eat out!
　　　　　　　　　　(결과)

　크리스마스니까 외식하자!

Snowball speaking training
눈덩이 굴리듯 문장 말하기 훈련

그림의 번호 순서대로 이미지를 연상해 보고 말하기 연습을 해보세요.

늦었으니까, 우리는 집에 가야 해.

Since it's late,
늦었으니까

Since it's late, we should go
늦었으니까, 우리는 가야 해

Since it's late, we should go home.
늦었으니까, 우리는 집에 가야 해.

어젯밤에 잠을 잘 못 자서 피곤해.

I'm tired
피곤해

I'm tired because I didn't sleep well
잠을 잘 못 자서 피곤해

I'm tired because I didn't sleep well last night.
어젯밤에 잠을 잘 못 자서 피곤해.

나 다이어트 중이니까, 디저트는 안 먹을 거야.

Since I'm on a diet,
나 다이어트 중이니까

Since I'm on a diet, I won't eat
나 다이어트 중이니까, 안 먹을 거야

Since I'm on a diet, I won't eat dessert.
나 다이어트 중이니까, 디저트는 안 먹을 거야.

Challenge yourself
스스로 말해보기

눈덩이 훈련과 끊어 읽기 연습을 하며, 영어 리듬감을 익혀보세요.

❶ 오늘 제 생일이니까 게임 좀 해도 돼요?
Can I play some games / since it's my birthday?

❷ 우리는 친구니까, 나한테 뭐든 말해도 돼.
Since we are friends, / you can tell me anything.

❸ 그는 아파서 미팅에 참석을 못 한 거예요.
He didn't attend the meeting / because he was sick.

❹ 오늘 운전을 6시간 했더니 너무 피곤하다.
I'm so tired / because I drove for 6 hours / today.

❺ 나 폰을 잃어버려서 너한테 전화 못 했던 거야.
I couldn't call you / because I lost my phone.

❻ 네가 나 도와줬으니까 점심은 내가 살게.
Since you helped me, / lunch is *on me.

실전 감각 기르기

Dialogue 1

 I'm *melting…!
녹는다 녹아…!

 Let's wait inside since it's hot.
더우니까 안에서 기다리자.

Dialogue 2

 Where were you?
I called you earlier, but you didn't *pick up.
너 어디 있었어? 아까 전화했는데, 안 받더라.

 Sorry, I couldn't answer the phone because I was in a meeting.
미안, 미팅 중이었어서 못 받았어.

* **Something is on me.** ○○는 내가 살게.
* **melt** 녹다
* **pick up** 전화를 받다

Day 46

'~임에도 불구하고' although VS. even if

Although our team lost, it was a good game.

비록 우리 팀이 졌지만, 좋은 경기였다.

Learning point 핵심 포인트

although와 even if도 다른 뼈대 문장에 덧붙이는 '액세서리(부사 덩어리)'의 개념인데요. 둘 다 '~일지라도' 정도의 의미를 나타내지만, 사용하는 상황에는 분명한 차이가 있습니다. although는 '비록 ~일지라도, ~이긴 하지만'의 의미로, '실제 상황은 그렇지만 그럼에도 불구하고'의 느낌을 줍니다. 반면, even if는 뒤에 오는 문장(상황)이 '가정, 상상'이라고 생각하시면 쉬워요. 실제로 그런 상황일지 아닐지는 모르지만 '설령 그렇다 하더라도'의 의미일 때 사용됩니다.

Example

- **Although** you're my best friend, I can't accept it.
  네가 나의 가장 친한 친구이긴 하지만 난 그걸 받아드릴 수 없어. > 정말 나의 베프

- **Even if** you're my best friend, I can't accept it.
  (설령) 네가 나의 가장 친한 친구라고 해도 난 그걸 받아드릴 수 없어. > 베프라고 가정한 상황

Snowball speaking training
눈덩이 굴리듯 문장 말하기 훈련

그림의 번호 순서대로 이미지를 연상해 보고 말하기 연습을 해보세요.

그는 피곤했지만, 여자친구를 만나기 위해 두 시간 동안 운전했다.

Although he was tired,
그는 피곤했지만

Although he was tired, he drove for two hours
그는 피곤했지만, 두 시간 동안 운전했다

Although he was tired, he drove for two hours to see his girlfriend.
그는 피곤했지만, 여자친구를 만나기 위해 두 시간 동안 운전했다.

배가 불렀는데도 피자 한 판을 다 먹었어.

Although I was full,
배가 불렀는데도

Although I was full, I ate
배가 불렀는데도 먹었어

Although I was full, I ate the whole pizza.
배가 불렀는데도 피자 한 판을 다 먹었어.

설령 내가 이기지 못한다고 해도 나는 내 자신이 자랑스러울 거야.

Even if I don't win,
설령 내가 이기지 못한다고 해도

Even if I don't win, I'll be proud
설령 내가 이기지 못한다고 해도 나는 자랑스러울 거야

Even if I don't win, I'll be proud of myself.
설령 내가 이기지 못한다고 해도 나는 내 자신이 자랑스러울 거야.

Challenge yourself
스스로 말해보기

눈덩이 훈련과 끊어 읽기 연습을 하며, 영어 리듬감을 익혀보세요.

❶ 나는 아침형 인간이 아닌데도 불구하고, 오늘은 일찍 일어났어.
Although I'm not a morning person, / I woke up early / today.

❷ 지금이 4월 중순인데 아직도 추워.
Although it's in the middle of April, / it's still cold.

❸ 시험이 어려웠음에도 불구하고, 그는 다 맞았어.
Although the test was difficult, / he *aced it.

❹ 우리가 지금 출발한다고 해도 제시간에 도착 못 해.
Even if we leave now, / we *won't arrive / in time.

❺ 그 가방이 비싸더라도, 엄마 사드릴 거야!
Even if the bag is expensive, / I'll buy it / for my mom.

❻ 추워도 나는 뛰러 갈 거야.
Even if it's cold, / I'll go for a run.

실전 감각 기르기

Dialogue 1

How was the game?
경기 어땠어?

Although our team lost, it was a good game.
비록 우리 팀이 졌지만, 좋은 경기였어.

True, *it was really close!
맞아, 진짜 아슬아슬했어!

Dialogue 2

Can we catch the last train?
마지막 기차 탈 수 있을까?

Even if we leave now, we won't arrive in time. The traffic is crazy today.
지금 출발한다고 해도 우리는 제시간에 도착 못 해.
오늘 교통이 너무 막혀.

---

* **ace** 높은 점수를 받다
* **won't** '미래에 불가능할 것이다'라는 의미이기 때문에 can't 대신 won't 사용 (can't는 '현재 불가능하다'는 의미가 강함)
* **It was really close!** 아슬아슬했어!

Day

47

가정, 상상하는 상황 if로 표현하기

If I were you, I would just ask her.

내가 너라면, 난 그냥 그녀에게 물어볼 것 같아.

 **Learning point** 핵심 포인트

'만약에'라는 의미의 if 역시 다른 뼈대 문장에 덧붙이는 '액세서리(부사 덩어리)'의 개념인데요. If 가정법에서는 '시제'가 곧 뉘앙스를 보여주기 때문에 어떤 시제를 사용하느냐는 굉장히 중요합니다. '만약 내가 너라면, 거기 가겠어.'를 말할 때 시제를 'If I **am** you, I **will** go there.'처럼 사용한다면 실제로 일어날 수 있는 일을 말하는 듯한 선명한 뉘앙스가 됩니다. 그러나 내가 너일 수는 없는 상상의 상황일 때는 제3자처럼 한발 물러나 바라보는 듯한 거리감을 줘야 합니다. 그래서 시제를 한 단계 후퇴시켜 am 대신 were(과거), will 대신 would를 사용해 'If I **were** you, I **would** go there.'로 표현합니다.

Example

- **If I were you, I wouldn't call him.**
  내가 너라면, 난 그에게 전화 안 할 것 같아.

- **If you were me, would you buy it?**
  네가 나라면, 그거 사겠어?

  ∴ am의 과거는 was이지만 가정법에서는 보통 were을 사용해요.
  그러나 현대 영어에서는 was를 사용하기도 합니다.

Snowball speaking training
눈덩이 굴리듯 문장 말하기 훈련

그림의 번호 순서대로 이미지를 연상해 보고 말하기 연습을 해보세요.

내가 너라면, 난 그냥 그녀에게 데이트 신청할 것 같은데.

If I were you,
내가 너라면

If I were you, I would just ask
내가 너라면, 난 그냥 그녀에게 물어볼 것 같아

If I were you, I would just *ask her out.
내가 너라면, 난 그냥 그녀에게 데이트 신청할 것 같은데.

내가 너라면, 그에 대해 아무에게도 말하지 않을 거야.

If I were you,
내가 너라면

If I were you, I wouldn't tell anyone
내가 너라면, 아무에게도 말하지 않을 거야

If I were you, I wouldn't tell anyone about him.
내가 너라면, 그에 대해 아무에게도 말하지 않을 거야.

네가 나라면, 그 파티에 가겠어?

If you were me,
네가 나라면

If you were me, would you go
네가 나라면, 가겠어?

If you were me, would you go to the party?
네가 나라면, 그 파티에 가겠어?

Challenge yourself
스스로 말해보기

눈덩이 훈련과 끊어 읽기 연습을 하며, 영어 리듬감을 익혀보세요.

❶ 내가 너라면, 난 그냥 그녀에게 물어볼 것 같아.
If I were you, / I would just ask her.

❷ 내가 너라면, 난 그 말 안 할 것 같아.
If I were you, / I wouldn't say that.

❸ 네가 나라면, 그걸 믿겠어?
If you were me, / would you believe it?

❹ 내가 너라면, 난 그거 미팅에 안 입고 간다.
If I were you, / I wouldn't wear that / to the meeting.

❺ 내가 너라면, 그거 그냥 하겠다.
If I were you, / I would just do it.

❻ 네가 나라면, 그거 시도해 볼 것 같아?
If you were me, / would you try it?

실전 감각 기르기

Dialogue 1

**If I were you, I wouldn't call her.
She's probably still upset.**
내가 너라면, 그녀에게 전화 안 할 거 같아. 아직 아마 화가 나 있을 텐데.

Yeah, I should give her some time and talk to her later.
맞아, 좀 시간을 주고 나중에 얘기해야겠다.

Dialogue 2

My friend said he *won the lottery!
내 친구 복권에 당첨됐대!

No way!
말도 안 돼!

**If you were me, would you believe it?
I didn't believe it *at first, but he showed me the ticket.**
네가 나라면, 믿을 수 있겠어? 나 처음엔 안 믿었는데, 그가 티켓을 보여줬어.

---

* **ask somebody out** 데이트 신청하다
* **win the lottery** 복권에 당첨되다
* **at first** 처음에는

Day 48

What if / What do you mean 주어+동사 ~?

> ## What do you mean you lost it?
> 너 그걸 잃어버렸다니 그게 무슨 소리야?

Learning point 핵심 포인트

오늘은 일상에서 정말 자주 쓰이는 2가지 표현을 소개할게요. 첫 번째 표현은 '**What if 주어+동사 ~?**'로, 'What would happen if 주어+동사 ~?'를 간단히 줄인 표현이고, '만약에 ~하면 어떻게 할 거야?'라는 의미입니다. 특정 상황이 발생했을 때 그 결과가 어떻게 될지에 대한 질문이에요. 또 하나의 표현 '**What do you mean 주어+동사 ~?**'는 '~하다니 그게 무슨 말이야?'라는 뜻인데, 이는 상대방의 말이나 행동이 무엇을 의미하는지 그 의도를 묻는 표현입니다.

Example

- **What if** they can't come?
  만약에 걔네들 못 오면…?

- **What if** we miss the train?
  만약에 우리 기차 놓치면 (어떻게 해)…?

- **What do you mean** they can't come?
  걔네들 못 온다니 그게 무슨 소리야?

- **What do you mean** she was there?
  그녀가 거기에 있었다니 그게 무슨 말이야?

Snowball speaking training
눈덩이 굴리듯 문장 말하기 훈련

그림의 번호 순서대로 이미지를 연상해 보고 말하기 연습을 해보세요.

나 만약에 시험에 떨어지면 어떻게 해?

What if
만약에 그러면 어떻게 해?

What if I fail
나 만약에 떨어지면 어떻게 해?

What if I fail the test?
나 만약에 시험에 떨어지면 어떻게 해?

만약에 이번 주말에 비 오면 어떻게 해?

What if
만약에 그러면 어떻게 해?

What if it rains
만약에 비 오면 어떻게 해?

What if it rains this weekend?
만약에 이번 주말에 비 오면 어떻게 해?

네가 내일 안 온다는 게 무슨 소리야?

What do you mean
무슨 소리야?

What do you mean you're not coming
네가 안 온다는 게 무슨 소리야?

What do you mean you're not coming tomorrow?
네가 내일 안 온다는 게 무슨 소리야?

207

Challenge yourself
스스로 말해보기

눈덩이 훈련과 끊어 읽기 연습을 하며, 영어 리듬감을 익혀보세요.

❶ 그녀가 싫다고 하면(거절하면)...?
What if she says no?

❷ 시간이 더 필요하다니 그게 무슨 뜻이야?
What do you mean / you need more time?

❸ 그가 만약에 안 나타나면요...?
What if he doesn't *show up?

❹ 너무 늦었다는 게 무슨 뜻이야?
What do you mean / it's too late?

❺ 저희가 돈을 내야 한다는 게 무슨 말이죠?
What do you mean / we have to pay?

❻ 만약에 그녀가 마음을 바꾸면 어떻게 할 거야?
What if she changes her mind?

실전 감각 기르기

Dialogue 1

I think I should ask her out.
내가 그녀에게 먼저 데이트 신청을 해봐야겠어.

That's brave! But what if she says no?
용기 있네! 그런데 만약 그녀가 거절하면 어째...?

Dialogue 2

Mia was at the party last night.
Mia 어젯밤에 파티에 있었어.

What do you mean she was there? I didn't see her.
걔가 거기에 있었다니 무슨 소리야? 난 걔 못 봤는데.

Yeah, she showed up late. But she didn't *stay long.
응, 늦게 왔었어. 그런데 오래 있진 않았어.

---

* **show up** 나타나다
* **stay long** 오래 머무르다

Day 49

현재완료시제 VS. 과거시제

> **You haven't changed at all.**
>
> 야, 너 진짜 하나도 안 변했다.

 **Learning point** 핵심 포인트

과거의 어느 특정 시점에 일어나고 종료된, 그래서 현재와는 분리된(관련이 없는) 일을 말하는 시제가 과거시제였죠. 그런데 영어에는 이 과거시제와 우리말 해석이 거의 동일하지만 한국어에는 없는 '현재완료(have + p.p.)'라는 시제가 존재합니다. 이 시제는 의미가 다양해서 많이들 헷갈려 하시는데요. 다양한 의미로 쓰이더라도 공통점은 분명 존재합니다. 바로 과거의 일을 말하는 것은 맞으나, 그것이 현재에 어떻게든 연결되어 있음을 보여준다는 점입니다. 과거의 어떤 행동이나 사건이 과거로써 종료된 것이 아니라 현재 상태에 영향을 준 경우에 사용됩니다. 즉, 무게중심이 '과거'보다도 '현재 상황'에 더 쏠려 있다는 데에 주목해 보세요!

Example

- **I've lost my keys.**
  나 열쇠를 잃어버렸어. (지금 열쇠가 없는 상태)

- **I lost my keys.**
  나 열쇠를 잃어버렸어. (과거에 잃어버려 지금은 있는지 없는지 모름)

Snowball speaking training
눈덩이 굴리듯 문장 말하기 훈련

그림의 번호 순서대로 이미지를 연상해 보고 말하기 연습을 해보세요.

나 여행 갈 짐 다 쌌어.

I've packed
나 다 쌌어

I've packed my bag
나 짐 다 쌌어

I've packed my bag for the trip.
나 여행 갈 짐 다 쌌어.

주말에 뭐 약속 잡은 거 있어?

Have you made
잡은 거 있어?

Have you *made any plans
뭐 약속 잡은 거 있어?

Have you made any plans for the weekend?
주말에 뭐 약속 잡은 거 있어?

저는 그들한테서 어떤 피드백도 못 받았어요.

I haven't received
저는 못 받았어요

I haven't received any feedback
저는 어떤 피드백도 못 받았어요

I haven't received any feedback from them.
저는 그들한테서 어떤 피드백도 못 받았어요(못 받은 상태예요).

Challenge yourself
스스로 말해보기

눈덩이 훈련과 끊어 읽기 연습을 하며, 영어 리듬감을 익혀보세요.

❶ 제 이메일 확인하셨나요?
Have you checked my email?

❷ 숙제했어요.
I've done my homework.

❸ 모든 게 다 변했네요.
Everything has changed.

❹ 나 좋아하는 카페 새로 하나 찾았어.
I've found a new / favorite café.

❺ 그녀는 아직도 답장이 없어.
She hasn't texted me back / yet.

❻ 이 책이 제 인생을 바꿨어요.
This book has changed my life.

실전 감각 기르기

Dialogue 1

Have you **done** your homework?
숙제 하셨어요?

Yes, I**'ve done** my homework.
네, 숙제했어요.

When **did** you do it?
언제 하셨어요?

I **did** it 15 minutes ago…
15분 전에요…

Dialogue 2

Time really flies. It feels like yesterday.
시간 정말 빠르다. 그냥 어제 같은데 말이야.

I know, right? It's crazy! *You **haven't changed** at all.
그러게, 정말 이상하지? 너는 하나도 안 변했다.

* **make plans** 약속(일정)을 잡다 ('약속/일정'의 plans는 항상 복수형으로 써요!)
* **You haven't aged at all.** changed 대신 aged를 써서 '나이가 하나도 안 먹었다'라는 의미로도 쓸 수 있어요.

Day 50

just와 어울리는 현재완료시제 (~했다)

I've just arrived.

나 방금 막 도착했어!

Learning point 핵심 포인트

'I've just arrived.'처럼 현재완료시제가 just(막, 방금)와 함께 쓰이는 경우가 정말 많은데요. 사실 과거시제를 사용해도 큰 무리는 없지만 굳이 현재완료와 사용하는 이유는 뭘까요? '막 도착했어!'라는 말에서 '현재와 정말 얼마 떨어지지 않은 과거의 일이구나, 따끈따끈 하구나.'라는 것이 느껴지죠. 그래서 과거의 행동이 현재에 영향을 준 경우에 사용하는 현재완료와 함께 써서 '현재에도 그 가까움이 느껴질 정도로 방금 막 일어난 일'이라는 느낌을 줄 수 있는 것이죠. 말할 때는 I've just ~ 처럼 축약형으로, 그리고 just에 강세를 주어야 '말맛'이 산다는 것 잊지 마시고요!

Example

- **A message has just arrived.**
  메시지 하나가 방금 도착했습니다.

- **The movie has just started.**
  영화가 방금 막 시작했어.

- **What have you guys just done?**
  너네 방금 뭐 한 거야?

Snowball speaking training
눈덩이 굴리듯 문장 말하기 훈련

그림의 번호 순서대로 이미지를 연상해 보고 말하기 연습을 해보세요.

방금 태국 왕복 티켓을 찾았어.

I've just found
방금 찾았어

I've just found a round trip ticket
방금 왕복 티켓을 찾았어

I've just found a round trip ticket to Thailand.
방금 태국 왕복 티켓을 찾았어.

저희 방금 그 프로젝트 회의를 시작했어요.

We've just started
저희 방금 시작했어요

We've just started the meeting
저희 방금 회의 시작했어요

We've just started the meeting for the project.
저희 방금 그 프로젝트 회의를 시작했어요.

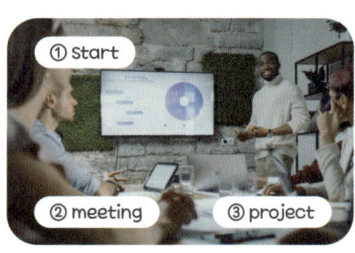

나 방금 Chris한테서 그 소식 들었어.

I've just heard
나 방금 들었어

I've just heard the news
나 방금 그 소식 들었어

I've just heard the news from Chris.
나 방금 Chris한테서 그 소식 들었어.

Challenge yourself
스스로 말해보기

눈덩이 훈련과 끊어 읽기 연습을 하며, 영어 리듬감을 익혀보세요.

① 방금 너 뭐 한 거야?
   What have you just done?

② 나 그 책 방금 찾았어.
   I've just found the book.

③ 우리 방금 저녁 먹었어.
   We've just had dinner.

④ 이 주스 방금 만든 거야?
   Have you just made this juice?

⑤ 저희 방금 체크인했어요.
   We've just checked in.

⑥ 그는 사무실에서 방금 나갔어.
   He's just left the office.

실전 감각 기르기

Dialogue 1

 Is Mark *still in the office?
Mark 아직 사무실에 있어?

 No, he's just left.
아니, 방금 나갔어.

Dialogue 2

 What have you just done?
너 방금 뭐 했어?

 Nothing.
아무것도 안 했어요.

 You sure? Your hands are all dirty.
정말이야? 손이 완전 다 더러운데?

* **still** 아직

Day 51

현재완료시제 (계속 ~해왔다)

I've heard a lot about you.

당신에 대한 이야기를 많이 들었어요.

Learning point 핵심 포인트

현재완료는 '과거의 일이 현재에 어떻게든 연결되어 있음'을 보여주는 시제였죠. 오늘 배울 현재완료의 쓰임은 상당히 직관적인데요. 말 그대로 '과거부터 현재까지 쭉 이어진 일, 쭉 해온 일'을 말할 때 사용하게 됩니다. 예를 들어, 우리말로도 '(당신에 대해) 말씀 많이 들었어요.'와 같은 말이 있죠? 영어로는 'I've heard a lot about you.'라고 하고, 현재완료를 사용해 예전부터 지금까지 쭉 들어왔다는 것을 보여줍니다. 그리고 필요하다면 이러한 문장에 'for + (기간)' 혹은 'since + (시작점)'의 정보를 추가해 줄 수도 있습니다!

Example

- **I've heard** a lot about you from him.
  그에게서 당신에 대한 이야기를 많이 들었어요.

- **He's told** me a lot about you.
  그가 저에게도 당신 이야기를 많이 해줬어요.

- **We've known** each other since middle school.
  우리는 중학교 때부터 서로 알고 지냈어요.

- **I've been** on a diet for a month.
  저는 한 달 동안 다이어트를 하고 있어요.

Snowball speaking training
눈덩이 굴리듯 문장 말하기 훈련

그림의 번호 순서대로 이미지를 연상해 보고 말하기 연습을 해보세요.

난 여기서 10년 동안 일했어.

I've worked
난 일했어

I've worked here
난 여기서 일했어

I've worked here for 10 years.
난 여기서 10년 동안 일했어.

그녀는 작년부터 캐나다에서 계속 살았어.

She's lived
그녀는 계속 살았어

She's lived in Canada
그녀는 캐나다에서 계속 살았어

She's lived in Canada since last year.
그녀는 작년부터 캐나다에서 계속 살았어.

저는 Sam을 고등학교 때부터 알고 지냈어요.

I've known
저는 알았어요

I've known Sam
저는 Sam을 알고 지냈어요

I've known Sam since high school.
저는 Sam을 고등학교 때부터 알고 지냈어요.

219

Challenge yourself
스스로 말해보기

눈덩이 훈련과 끊어 읽기 연습을 하며, 영어 리듬감을 익혀보세요.

① 저는 여기서 2011년부터 일했어요.
   I've worked here / since 2011.

② 저희는 20년 지기 친구예요.
   We've been friends / for 20 years.

③ 그는 여기에 어제부터 있었어요.
   He's been here / since yesterday.

④ 저 지금 6개월째 술 안 마셨어요(금주했어요).
   I've been *sober / for 6 months.

⑤ 난 결혼 2년 차야.
   I've been married / for 2 years.

⑥ 그녀는 3년 전부터 여기서 살았어.
   She's lived here / since 3 years ago.

실전 감각 기르기

Dialogue 1

 **You're Jack's friend, right?
I've heard a lot about you (from him).**
Jack 친구 맞죠? (그에게서) 당신에 대한 이야기를 많이 들었어요.

 He's told me a lot about you.
그가 저에게도 당신 이야기를 많이 해줬어요.

Dialogue 2

 I've been *swamped with work.
일하느라 정신없이 계속 바빴어(난 요즘 일에 치여서 너무 바빠).

 **You're doing good. Just *hang in there.
It'll get better soon.**
잘하고 있어. 조금만 더 견뎌. 곧 나아질 거야.

---

* **sober** 술 취하지 않은
* **swamped** (일이 너무 많아) 눈코 뜰 새 없이 바쁜 (busy는 일반적으로 바쁜 상황)
* **hang in there** 버티다, 견뎌내다

Day 52

How long have 주어 ~? '~를 얼마나 계속해 왔니?'

How long have you guys been together?

너희 만난 지 얼마나 됐어?

Learning point 핵심 포인트

여행 중에 머문 숙소에서 만난 친구에게 '여기 얼마나 있었어?'를 물어보며 스몰톡을 할 수 있겠죠. 이 말 속에서 '과거부터 현재까지 쭉 이어진 일, 쭉 해온 일'이라는 그림이 그려지시나요? 이때도 현재완료시제를 사용하게 됩니다. 기간을 물어보는 How long을 맨 앞에 붙여서, 'How long have you p.p. ~?'로 말할 수 있어요. 실제 사용하실 땐 p.p. 이하 부분만 갈아 끼우면서 말할 수 있도록 'How long have you' 부분은 덩어리로 소리를 미리 익혀두세요!

Example

- **How long have you lived here?**
  여기서 얼마나 살았어?

- **How long have you worked there?**
  거기서 얼마나 일했어?

- **How long have you studied Japanese?**
  일본어 공부한 지 얼마나 됐어?

- **How long have you been here?**
  여기 온 지 얼마나 됐어?

Snowball speaking training
눈덩이 굴리듯 문장 말하기 훈련

그림의 번호 순서대로 이미지를 연상해 보고 말하기 연습을 해보세요.

서울에서는 얼마나 살았어?

How long have you
얼마나 해왔어?

How long have you lived
얼마나 살았어?

How long have you lived in Seoul?
서울에서는 얼마나 살았어?

그를 알고 지낸 지 얼마나 되셨어요?

How long have you
얼마나 되셨어요?

How long have you known
알고 지낸 지 얼마나 되셨어요?

How long have you known him?
그를 알고 지낸 지 얼마나 되셨어요?

너희 만난 지 얼마나 됐어?

How long have you
얼마나 됐어?

How long have you guys been
너희 얼마나 됐어?

How long have you guys been together?
너희 만난 지 얼마나 됐어?

223

Challenge yourself
스스로 말해보기

눈덩이 훈련과 끊어 읽기 연습을 하며, 영어 리듬감을 익혀보세요.

❶ 우리 여기 얼마나 있었지?
How long have we been here?

❷ 디자이너로 일하신 지 얼마나 되신 거예요?
How long have you worked / as a designer?

❸ 그녀는 시애틀에 얼마나 있었어?
How long has she been / in Seattle?

❹ 영어 공부는 얼마나 하셨어요?
How long have you studied English?

❺ 다이어트한 지 얼마나 됐어?
How long have you been / on a diet?

❻ 너희는 몇 년 지기 친구야?
How long have you guys / been friends?

실전 감각 기르기

Dialogue 1

How long have you been on a diet?
너 다이어트한 지 얼마나 됐어?

It's been *a couple of weeks.
몇 주 됐어.

Dialogue 2

How long have you worked as a designer?
디자이너로 일한 지 얼마나 되셨어요?

It's been almost 10 years, but I'm always learning new things.
거의 10년 됐어요, 하지만 항상 새로운 걸 배우고 있죠.

* **a couple of** 두서너 개의

Day 53

현재완료시제 since 확장 연습

> # I haven't eaten anything since I ate a banana this morning.
>
> 나 오늘 아침에 바나나 하나 먹고 지금까지 아무것도 안 먹었어.

Learning point 핵심 포인트

'I've worked here since 2023.'처럼 과거의 특정 시점부터 현재까지 쭉 무언가를 해왔다고 할 때, 'since + 시작점'의 정보를 덧붙일 수 있었죠. 그런데 since 뒤엔 2023, last Monday와 같은 특정 시작점이 올 수도 있지만 '문장의 형태'도 올 수 있어요. 대신 이 문장도 '시작점'의 개념이 되어야 하죠. 그래서 특정한 시점을 콕 짚어서 얘기하는 '과거시제'를 보통 사용하게 됩니다. 너무 공식처럼 외우기보단 since 뒤엔 '점'의 개념이 온다는 것을 기억해 보세요!

Example

- **I've lived here since I was born.**
  저는 여기에 태어나서부터 살고 있어요.

- **Since she *got married, we haven't seen her.**
  그녀가 결혼한 뒤로 우리는 그녀를 본 적이 없어요.

- **He hasn't eaten anything since he ate sushi last night.**
  그는 어젯밤에 스시 먹은 뒤로 아무것도 안 먹었어.

Snowball speaking training
눈덩이 굴리듯 문장 말하기 훈련

음원듣기

그림의 번호 순서대로 이미지를 연상해 보고 말하기 연습을 해보세요.

나 오늘 아침에 바나나 하나 먹고 지금까지 아무것도 안 먹었어.

I haven't eaten anything
나 지금까지 아무것도 안 먹었어

I haven't eaten anything since I ate a banana
나 바나나 하나 먹고 지금까지 아무것도 안 먹었어

I haven't eaten anything since I ate a banana this morning.
나 오늘 아침에 바나나 하나 먹고 지금까지 아무것도 안 먹었어.

그녀는 어제 우리가 말다툼한 후로 나랑 얘기를 계속 안 한다.

She hasn't talked
그녀는 얘기를 계속 안 한다

She hasn't talked to me
그녀는 나랑 얘기를 계속 안 한다

She hasn't talked to me since we *argued yesterday.
그녀는 어제 우리가 말다툼한 후로 나랑 얘기를 계속 안 한다.

저는 새 일을 시작하고 나서 멋진 사람들을 정말 많이 만났어요.

I've met
저는 만났어요

I've met so many great people
저는 멋진 사람들을 정말 많이 만났어요

I've met so many great people since I started a new job.
저는 새 일을 시작하고 나서 멋진 사람들을 정말 많이 만났어요.

Challenge yourself
스스로 말해보기

눈덩이 훈련과 끊어 읽기 연습을 하며, 영어 리듬감을 익혀보세요.

❶ 그녀는 결혼한 뒤로 많이 변했다.
She's changed a lot / since she got married.

❷ 다른 도시로 이사를 간 후론 친구들을 계속 못 봤어.
I haven't seen my friends / since I moved / to a different city.

❸ 저는 새 일을 시작한 후로 엄청 많이 배웠어요.
I've learned a lot / since I started a new job.

❹ 저는 태어나서부터 계속 서울에 살고 있어요.
I've lived in Seoul / since I was born.

❺ 나 결혼한 이후로는 이래보진 않았어(이러기는 결혼하고 처음이에요).
I haven't done that / since I got married.

❻ 저희는 제가 여기로 이사 오고 나서부터 알고 지냈어요.
We've known each other / since I moved here.

실전 감각 기르기

Dialogue 1

 You're from here, right?
너 여기서 자랐지?

 Yep, I've lived here since I was born.
응, 나는 태어날 때부터 여기 살았어.

 That's cool! What's your favorite *spot around here?
멋지다! 여기서 제일 좋아하는 곳은 어디야?

Dialogue 2

 How's the new job going?
새로운 일은 어때?

 Great! I've met so many great people since I joined this team.
되게 좋아! 이 팀에 합류한 이후로 좋은 사람들을 정말 많이 만났어.

* **get married** 결혼하다
* **argue** 다투다
* **spot** 장소, 곳

Day 54

현재완료진행시제

I've been staying here since a week ago.

저는 여기서 일주일 전부터 지내고 있어요.

Learning point 핵심 포인트

현재완료시제(have + p.p.)와 현재완료진행시제(have been Ving)의 뉘앙스가 조금 다르다는 것 알고 계시나요? 현재완료를 사용하면 '나 현재까지 이렇게 했어.'라고 결과를 보여주는 느낌, 현재완료진행을 사용하면 '나 현재까지 계속 이러고 있어.'라는 진행 중, 과정 중에 있다는 느낌을 준답니다. 현재완료진행을 사용하실 땐 I've been 부분을 입에 붙여 두시고, 진행형일 때 항상 사용하는 Ving 형태를 보여준다고 생각하고 갈아 끼우면서 연습해 보세요!

Example

- **I've waited for you for an hour.**
  I'm leaving.

  나 너 1시간 기다렸어. 나 간다. (결과 강조)

- **I've been waiting for you for an hour.**
  You should hurry...

  나 지금 너 1시간을 기다리고 있어. 빨리와! (과정 강조)
  → '계속 ~해오고 있는 중이다'를 강조할 때 주로 사용

Snowball speaking training
눈덩이 굴리듯 문장 말하기 훈련

그림의 번호 순서대로 이미지를 연상해 보고 말하기 연습을 해보세요.

저는 1년째 크로스핏을 해오고 있어요.

I've been doing
저는 해오고 있어요

I've been doing CrossFit
저는 크로스핏을 해오고 있어요

I've been doing CrossFit for a year.
저는 1년째 크로스핏을 해오고 있어요.

여기 한국에는 얼마나 지내고 계신 거예요?

How long have you been staying
얼마나 지내고 계신 거예요?

How long have you been staying here
여기에 얼마나 지내고 계신 거예요?

How long have you been staying here in Korea?
여기 한국에는 얼마나 지내고 계신 거예요?

저희는 여기서 일주일 전부터 지내고 있어요.

We've been staying
저희는 지내고 있어요

We've been staying here
저희는 여기서 지내고 있어요

We've been staying here since a week ago.
저희는 여기서 일주일 전부터 지내고 있어요.

Challenge yourself
스스로 말해보기

눈덩이 훈련과 끊어 읽기 연습을 하며, 영어 리듬감을 익혀보세요.

① 너희 얼마나 기다리고 있는 거야?
How long have you guys been waiting?

② 우리 한 20분째 계속 기다리고 있는 중이야.
We've been waiting / for about 20 minutes.

③ 영어 공부는 얼마나 해오고 있는 중이세요?
How long have you been studying English?

④ 나는 필라테스 3년째 계속 해오고 있어.
I've been *doing Pilates / for 3 years.

⑤ 나 거기서 2023년부터 계속 일하고 있어.
I've been working there / since 2023.

⑥ 나 6개월 전부터 헬스장 다니고 있어.
I've been going to the gym / since 6 months ago.

실전 감각 기르기

Dialogue 1

**I've just started Pilates.
How long have you been doing it?**
저는 필라테스 이제 막 시작했는데, 몇 년 하셨어요?

For three years.
3년 했어요.

Dialogue 2

**This place is amazing, *isn't it?
How long have you been staying here?**
정말 멋진 곳이에요, 그렇죠? 여기 얼마나 있으셨어요?

I've been here for *almost a week, but I'm leaving tomorrow.
거의 일주일 됐어요. 그런데 저는 내일 떠나요.

---

* **do Pilates** 필라테스를 하다
* **isn't it?** (문장 마지막에서) ~이지 않니?
* **almost** 거의

Day 55

How long has it been since ~? '~한 지 얼마나 됐지?'

> **It's been just a week
> since he broke up with his ex.**
> 걔… 전 여친이랑 헤어진 지 일주일밖에 안 됐잖아.

 **Learning point** 핵심 포인트

'우리 졸업하고 얼마나 됐지?', '걔 전 여친이랑 헤어진 지 일주일밖에 안 됐어.'와 같이 우리는 일상에서 '시간의 경과'를 묻고 답하는 경우가 정말 많습니다. 시간의 경과를 물을 땐 하나만 기억하세요! 'How long has it been?' 그리고 대답할 땐 'It's(It has) been (경과 시간).' 여기엔 모두 'since + (시작점)'을 추가해 줄 수 있습니다. 그래서 '(시작점)을 기준으로 얼마나 됐지?', '(시작점)을 기준으로 얼마큼의 시간이 지났어.'의 의미가 돼요.

Example

- **How long has it been since we came here?**
  우리 여기 온 지 얼마나 됐지?

- **It's been about three hours since we came here.**
  우리 여기 온 지 3시간 정도 됐어.

- **How long has it been since he broke up with his ex?**
  걔 전 여친이랑 헤어진 지 얼마나 됐어?

- **It's been just a week since he broke up with his ex.**
  걔 전 여친이랑 헤어진 지 일주일밖에 안 됐어.

Snowball speaking training
눈덩이 굴리듯 문장 말하기 훈련

그림의 번호 순서대로 이미지를 연상해 보고 말하기 연습을 해보세요.

여기로 이사 온 지 얼마나 되셨어요?

How long has it been
얼마나 되셨어요?

How long has it been since you moved
이사 온 지 얼마나 되셨어요?

How long has it been since you moved here?
여기로 이사 온 지 얼마나 되셨어요?

저 여기로 이사 온 지 거의 1년 됐어요.

It's been almost a year
거의 1년 됐어요

It's been almost a year since I moved
저 이사 온 지 거의 1년 됐어요.

It's been almost a year since I moved here.
저 여기로 이사 온 지 거의 1년 됐어요.

집에서 요리한 지가 꽤 됐어.

It's been *a while
꽤 됐어

It's been a while since I cooked
요리한 지가 꽤 됐어

It's been a while since I cooked at home.
집에서 요리한 지가 꽤 됐어.

235

Challenge yourself
스스로 말해보기

눈덩이 훈련과 끊어 읽기 연습을 하며, 영어 리듬감을 익혀보세요.

❶ 우리 여기 온 지 거의 1시간 됐어.
It's been almost an hour / **since we came here**.

❷ 걔... 전 남친이랑 헤어진 지 얼마나 됐어?
How long has it been / **since she broke up** / **with her ex**?

❸ 우리 치킨 먹은 지 얼마나 됐어?
How long has it been / **since we ate chicken**?

❹ (우리 치킨 먹은 지) 3주 정도 됐어.
It's been about three weeks / **(since we ate chicken)**.

❺ 우리 마지막으로 여행가고, 얼마나 지났지?
How long has it been / **since we last went on a trip**?

❻ (우리 마지막으로 여행 간 지) 6개월 정도 됐지.
It's been about 6 months / **(since we last went on a trip)**.

실전 감각 기르기

Dialogue 1

How long has it been since you last went on a trip?
마지막으로 여행 갔던 게 언제였어?

I went on a trip last summer, so it's been about 8 months.
지난 여름에 갔으니까... 8개월 정도 됐네.

Dialogue 2

How long has it been since we came here?
우리가 여기 온 지 얼마나 됐지?

It's been about three hours already! *Time flies. Let's *go grab some lunch.
벌써 3시간이나 됐다! 시간이 정말 빨리 가네. 이제 간단히 점심 먹으러 가자.

Sounds good! I'm getting hungry.
좋아! 점점 배고파진다.

---

* **a while** 꽤, 한동안, 잠시 동안
* **Time flies.** 시간이 빨리 간다.
* **go grab** 간단히 먹으러 가다

Day 56
배운 시제 총복습

> **I worked with him last year and I've learned a lot from him.**
> 작년에 그와 함께 일했고, 그에게 많이 배웠어요.

Learning point 핵심 포인트

'시제'라는 것은 '동사'만이 바꿔줄 수 있는 개념이었죠. 즉, 문장에서 동사는 고정된 것이 아니라, 내가 어떤 시간 시점으로 말하느냐에 따라 달라지는, 즉, '살아 움직이는 것'이에요! 동사의 시제 변형을 할 줄 알아야 진짜 그 동사를 '사용'할 줄 아는 것입니다. 그러기 위해선 우리가 지금까지 익힌 여러 종류의 시제 형태를 자유자재로 바꿀 줄 알아야 하겠죠? 이번 day에서는 하나의 동사를 다양한 시제로 바꿔 말해보는 연습을 해보겠습니다.

Example

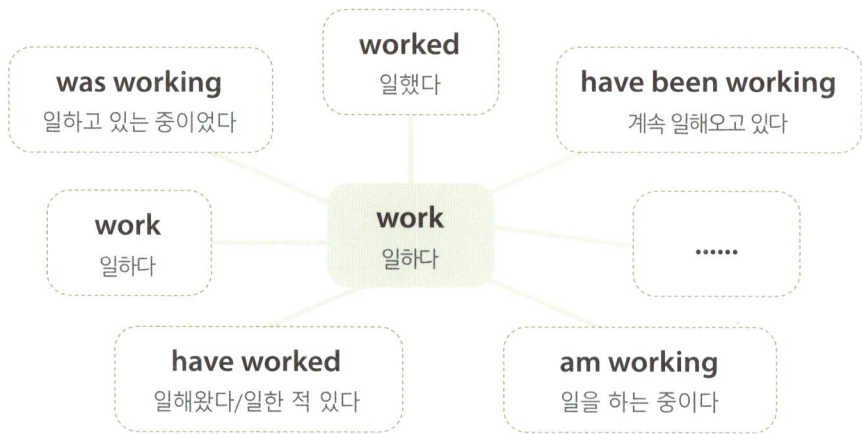

Snowball speaking training
눈덩이 굴리듯 문장 말하기 훈련

그림의 번호 순서대로 이미지를 연상해 보고 말하기 연습을 해보세요.

그는 작년에 마케팅 부서에서 일했다.

He worked
그는 일했다

He worked in the marketing department
그는 마케팅 부서에서 일했다

He worked in the marketing department last year.
그는 작년에 마케팅 부서에서 일했다.

어제 네가 나한테 전화했을 때 나 일하고 있었어.

I was working
나 일하고 있었어

I was working when you called me
네가 나한테 전화했을 때 나 일하고 있었어

I was working when you called me yesterday.
어제 네가 나한테 전화했을 때 나 일하고 있었어.

저는 그녀와 함께 10년 넘게 일해왔어요.

I've been working
저는 일해왔어요

I've been working with her
저는 그녀와 함께 일해왔어요

I've been working with her for *more than 10 years.
저는 그녀와 함께 10년 넘게 일해왔어요.

239

Challenge yourself
스스로 말해보기

눈덩이 훈련과 끊어 읽기 연습을 하며, 영어 리듬감을 익혀보세요.

❶ 그가 여기서 일하나요?
   Does he work here?

❷ 나 어제는 일 안 했어.
   I didn't work yesterday.

❸ 너 지금 일하고 있니?
   Are you working now?

❹ 그녀는 수요일에는 일을 안 해요.
   She doesn't work / on Wednesday.

❺ 저는 10월부터 여기서 일하고 있어요.
   I have been working here / since October.

❻ 알바해 본 적 있어?
   Have you ever *worked part-time?

실전 감각 기르기

Dialogue 1

How long have you been studying English?
얼마나 오래 영어를 공부해 왔어요?

**I've been studying English for a year now.
I study it for 2 hours every day.**
1년째 영어 공부하고 있어요. 매일 2시간씩 공부해요.

Dialogue 2

Did you go to the concert yesterday?
어제 그 콘서트 갔었어?

Yes, I did. And I'm going to another one next week.
응, 갔었고, 다음 주에 또 다른 콘서트 가.

You really like that kind of stuff, huh?
너 그런 거 진짜 좋아하는구나, 그렇지?

---

* **more than** ~ 이상
* **work part-time** 아르바이트로 근무하다

Day 57

How long does it take to V ~? '~하는데 시간이 얼마나 걸리나요?'

How long does it take to do your hair in the morning?

아침에 머리하는 데 얼마나 걸려?

Learning point 핵심 포인트

무언가를 하는 데 얼마나 걸리는지 '소요 시간'을 묻는 경우엔 'How long does it take to V ~?'를 사용합니다. 그리고 무언가를 하는데 얼마큼의 시간이 걸리는지를 말할 땐 'It takes (소요 시간) to V ~.' 표현을 사용해요. 이때 take를 사용하는 이유는, take가 '취하다, 가져가다', '무언가를 가져가 대가를 치르는 느낌'이 있기 때문입니다. 즉, 무언가를 하는데 얼마만큼의 시간을 치르고, 가져가는 거죠. to V 부분은 필요하다면 추가하여 말하시면 됩니다.

Example

- **How long does it take to get to the airport?**
  공항까지 가는 데 얼마나 걸려요?

- **It takes about *half an hour to get there.**
  거기 가는 데 30분 걸려요.

- **How long will it take to get the card?**
  카드를 받는 데 얼마나 걸릴까요?

- **It will take 3 weeks.**
  3주 걸릴 거예요.

Snowball speaking training
눈덩이 굴리듯 문장 말하기 훈련

그림의 번호 순서대로 이미지를 연상해 보고 말하기 연습을 해보세요.

이 호텔까지 가는 데 얼마나 걸려요?

How long does it take
얼마나 걸려요?

How long does it take to get to
가는 데 얼마나 걸려요?

How long does it take to get to this hotel?
이 호텔까지 가는 데 얼마나 걸려요?

이거 완전히 충전하는데 한 3시간 정도 걸려요.

It takes about 3 hours
한 3시간 정도 걸려요

It takes about 3 hours to fully charge
완전히 충전하는데 한 3시간 정도 걸려요

It takes about 3 hours to fully charge it.
이거 완전히 충전하는데 한 3시간 정도 걸려요.

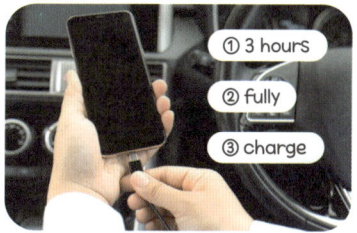

그 책 다 읽는데 얼마나 걸렸어?

How long did it take
얼마나 걸렸어?

How long did it take to finish
다 읽는데(끝내는데) 얼마나 걸렸어?

How long did it take to finish the book?
그 책 다 읽는데 얼마나 걸렸어?

Challenge yourself
스스로 말해보기

눈덩이 훈련과 끊어 읽기 연습을 하며, 영어 리듬감을 익혀보세요.

❶ 회사까지 가는 데 40분 걸려요.
   It takes 40 minutes / to get to work.

❷ 그 커피숍까지 걸어가는 데 얼마나 걸려요?
   How long does it take / to walk to the coffee shop?

❸ 집 전체를 다 페인트 칠하는데 얼마나 걸렸어?
   How long did it take / to paint the entire house?

❹ 그것을 극복하는 데 오랜 시간이 걸렸어요.
   It took a lot of time / to *get over it.

❺ 이거 고치는 데 얼마나 걸리려나요?
   How long would it take / to fix it?

❻ 그렇게 오래는 안 걸릴 듯해요.
   It wouldn't take that long.

실전 감각 기르기

Dialogue 1

How long does it take to do your hair in the morning?
아침에 머리하는 데 얼마나 걸려?

It takes about 15 minutes.
한 15분 정도 걸려.

Dialogue 2

Does it hurt? How long does it take? I mean… *on average?
이거 아프지 않나요? 얼마나 걸려요? 제 말은... 평균적으로요.

It takes about half an hour. You'll be alright. Don't worry.
한 30분 정도 걸려요. 괜찮을 거예요. 걱정하지 마세요.

---

* **half an hour** 30분
* **get over** 극복하다
* **on average** 평균적으로

Day 58

so ~ that 주어+동사 '너무 ~해서 ~~하다'

It's so good that I forgot I'm allergic to it.

음식이 너무 맛있어서 제가 알레르기가 있는 것도 까먹었어요.

Learning point 핵심 포인트

'주어1+동사1 so 형용사/부사 that 주어2+동사2 ~.'은 '너무 (형용사/부사)해서 ~하다'라는 의미의 표현입니다. 예를 들어, It's **so** spicy **that** I can't eat it.는 '이게 너무 매워서 내가 못 먹겠다.'라는 의미인데요. 즉, '주어가 너무 ~한 결과로 뒤에 문장과 같은 일이 발생한다'는 뜻이죠. that 뒤에 can은 필수는 아니니 의미에 따라 사용할 수 있어요. 그리고 원하는 주어와 시제, 긍/부정을 사용하여 문장을 완성하면 됩니다.

Example

- It's **so** spicy **that** I can't eat it.
  이게 너무 매워서 못 먹겠어.

- I'm **so** full **that** I can't even think about dessert.
  너무 배불러서 디저트는 생각도 못 하겠어.

- I was **so** busy **that** I couldn't have dinner.
  너무 바빠서 저녁을 먹지 못했어요.

- The line was **so** long **that** we waited for almost an hour.
  줄이 너무 길어서 우리 거의 한 시간 기다렸어.

Snowball speaking training
눈덩이 굴리듯 문장 말하기 훈련

그림의 번호 순서대로 이미지를 연상해 보고 말하기 연습을 해보세요.

음악이 너무 커서 네 목소리가 안 들려.

The music is so loud
음악이 너무 커

The music is so loud that I can't hear
음악이 너무 커서 안 들려

The music is so loud that I can't hear you.
음악이 너무 커서 네 목소리가 안 들려.

나 너무 피곤해서 소파에서 잠들었어.

I was so tired
나 너무 피곤했어

I was so tired that I *passed out
나 너무 피곤해서 잠들었어

I was so tired that I passed out on the couch.
나 너무 피곤해서 소파에서 잠들었어.

음식이 너무 맛있어서 제가 알레르기가 있는 것도 까먹었어요.

It's so good
음식이 너무 맛있어

It's so good that I forgot
음식이 너무 맛있어서 까먹었어요

It's so good that I forgot *I'm allergic to it.
음식이 너무 맛있어서 제가 알레르기가 있는 것도 까먹었어요.

Challenge yourself
스스로 말해보기

눈덩이 훈련과 끊어 읽기 연습을 하며, 영어 리듬감을 익혀보세요.

❶ 그녀는 얘기를 너무 빨리해서 못 알아듣겠어.
She talks so fast / that I can't understand her.

❷ 어제 일 너무 늦게 끝나서 남친 못 만났어.
I finished work so late / that I couldn't meet my boyfriend / yesterday.

❸ 엄마랑 저는 아주 가까워서 다 공유해요.
My mom and I are so close / that we share everything.

❹ 제 핸드폰이 너무 느려서 동영상 하나를 다운받는 데 엄청 오래 걸려요.
My phone is so slow / that it takes forever / to download a video.

❺ 어제 너무 더워서 난 하루 종일 집에 있었어.
It was so hot / that I stayed home / all day yesterday.

❻ 너무 신나서 잠을 아예 못 잤어.
I was so excited / that I couldn't sleep at all.

실전 감각 기르기

Dialogue 1

 How's the curry?
카레 어때?

 It's **so** spicy **that** I can't eat it.
너무 매워서 못 먹겠어.

Dialogue 2

 Thank you for the food!
잘 먹었습니다!

 *Rate my dinner!
(내가 만든) 저녁 어땠어?

 It was SOOO good! I'm **so** full **that** I can't even think about dessert.
너무 맛있었어! 너무 배불러서 디저트는 생각도 못 하겠다.

---

* **pass out** 잠들다, 기절하다
* **be allergic to** ~에 알레르기가 있다
* **rate** 평가하다

Day

59

to부정사의 명사 수식 (~할)

We don't have time to do something.

우리 무언가를 할 시간이 없어요.

Learning point 핵심 포인트

a good time과 같이 영어에서 형용사(good)는 명사(time) 앞에서 명사를 꾸며주는 역할을 합니다. 그렇다면 '너한테 전화할 시간'은 어떨까요? 이는 형용사 한 단어로 존재하지 않죠. call you가 떠오르지만 call you는 '너한테 전화하다'인데 우리는 '너한테 전화할'이라는 수식어의 개념이 필요하죠. 이럴 때 기억하세요. "**to V**야 도와줘~!" call you 앞에 to만 붙여주면 '동사'였던 개념이 '형용사'가 됩니다. 한국어와의 차이는 영어는 수식어가 조금 길어져도 중요한 명사를 먼저 말하고 그 뒤에 수식어를 붙인다는 점! 꼭 기억해 주세요.

Example

- **a good time** 좋은 시간
- **a long time** 긴 시간
- **time to call you** 너한테 전화할 시간
- **time to clean the house** 집을 청소할 시간

Snowball speaking training
눈덩이 굴리듯 문장 말하기 훈련

그림의 번호 순서대로 이미지를 연상해 보고 말하기 연습을 해보세요.

헬스장 갈 시간이 없어.

I don't have time
시간이 없어

I don't have time to go
갈 시간이 없어

I don't have time to go to the gym.
헬스장 갈 시간이 없어.

저녁 준비할 시간 있어?

Do you have time
시간 있어?

Do you have time to prepare
준비할 시간 있어?

Do you have time to prepare dinner?
저녁 준비할 시간 있어?

너희 도착하기 전에 집을 청소할 시간이 없었어.

I didn't have time
시간이 없었어

I didn't have time to clean the house
집을 청소할 시간이 없었어

I didn't have time to clean the house before you guys arrived.
너희 도착하기 전에 집을 청소할 시간이 없었어.

Challenge yourself
스스로 말해보기

눈덩이 훈련과 끊어 읽기 연습을 하며, 영어 리듬감을 익혀보세요.

❶ 요즘 책 읽을 시간이 없어요.
   I don't have time / to read these days.

❷ 숙제를 할 시간이 없었어.
   I didn't have time / to do my homework.

❸ 우리 강아지를 산책시킬 시간이 없었어.
   I didn't have time / to *walk my dog.

❹ 오늘 아침에 머리를 할 시간이 없었어.
   I didn't have time / to do my hair / this morning.

❺ 일주일에 2~3번 헬스장에 갈 시간이 없어요.
   I don't have time / to go to the gym / two or three times a week.

❻ 미팅 전에 너한테 전화할 시간이 없었어.
   I didn't have time / to call you / before the meeting.

실전 감각 기르기

Dialogue 1

 *Excuse my hair… I didn't have time to do my hair this morning.
어머… 내 머리 좀 봐… 오늘 아침에 머리 할 시간이 없었어.

 It's okay, you still look pretty.
괜찮아, 그래도 여전히 예뻐.

Dialogue 2

 I was so swamped that I didn't have time to *practice the presentation yesterday.
너무 바빠서 어제 발표 연습을 할 시간이 없었어.

 Well, you still have some time today.
그래도 오늘은 시간이 좀 있잖아.

---

* **walk one's dog** 강아지를 산책시키다
* **excuse** 봐주다, 양해를 구하다, 변명하다
* **practice** 연습하다

Day 60

뒤에서 수식을 받는 -thing으로 끝나는 단어

We have nothing to lose.

밑져야 본전이야.

Learning point 핵심 포인트

영어에서 형용사는 명사의 '앞'에서 명사를 수식해 주죠. 그런데 예외가 있습니다. 상대적으로 모호한 대상을 가리키는 명사(something, anything, nothing)와 같이 -thing으로 끝나는 단어를 꾸밀 때는 명사 '뒤'에서 수식합니다. something new, something special처럼요. 그렇다면 '너한테 줄 것(무언가)'은 어떨까요? 이 경우는 to를 give you 앞에 붙여 동사를 형용사로 변형한 후 사용해야 합니다. something to give you, something to tell you와 같은 형태, 덩어리로 입에 익혀두세요!

Example

- **something** new 새로운 것(무언가)
- **something** special 특별한 것(무언가)
- **something** to show you 너한테 보여줄 것(무언가)
- **something** to tell you 너한테 말할 것(무언가)

Snowball speaking training
눈덩이 굴리듯 문장 말하기 훈련

그림의 번호 순서대로 이미지를 연상해 보고 말하기 연습을 해보세요.

나 너한테 줄 거 있어.

I have something
나 뭔가가 있어

I have something to give
나 줄 거 있어

I have something to give you.
나 너한테 줄 거 있어.

우린 잃을 게 아무것도 없어(밑져야 본전이야).

We have
우린 가지고 있어

We have nothing
우린 아무것도 없어

We have nothing to lose.
우린 잃을 게 아무것도 없어(밑져야 본전이야).

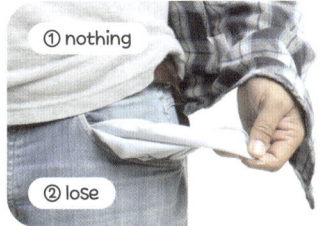

마실 거 뭔가 있어?

Do you have
있어?

Do you have anything
뭔가 있어?

Do you have anything to drink?
마실 거 뭔가 있어?

Challenge yourself
스스로 말해보기

눈덩이 훈련과 끊어 읽기 연습을 하며, 영어 리듬감을 익혀보세요.

❶ 나 너한테 줄 거 있어.
   I have something to give you.

❷ 입을 게 없네.
   I have nothing to wear.

❸ 마실 것 좀 드릴까요?
   Would you like something to drink?

❹ 나한테 뭐 얘기할 거 없나?
   Don't you have anything to tell me?

❺ 난 숨길 게 아무것도 없어.
   I don't have anything to hide.

❻ 저랑 Jason은 그 세미나 때문에 준비할 게 있어요.
   Jason and I have / something to prepare / for the seminar.

실전 감각 기르기

Dialogue 1

 Are you okay?
괜찮아?

 Yeah, just tired.
응, 그냥 좀 피곤하네.

 Don't you have anything to tell me? You've been quiet all day.
나한테 뭐 말할 건 없고? 오늘 하루 종일 조용하네.

Dialogue 2

 We have something to celebrate! *Guess what?
우리 축하할 일이 있어! 뭔지 맞혀 봐.

 ***I have no idea. What is it?**
전혀 모르겠는데. 뭐야?

 I'm... pregnant! I just found out today.
나... 임신했어! 오늘 막 알게 됐어.

* **Guess what?** 맞혀 봐!
* **I have no idea.** 전혀 모르겠다. (전혀 짐작이 안 간다는 의미)

Day

61

명사를 꾸며주는 형용사 덩어리 - 현재분사

Who is the handsome guy sitting over there?

저기 앉아 있는 저 잘생긴 사람 누구야?

Learning point 핵심 포인트

'call you(너한테 전화하다)'에 to만 붙여주면 '동사'였던 개념이 'to call you(너한테 전화할)' 과 같은 '형용사'가 됐었죠. 그렇다면 '저기 앉아 있는, Olivia랑 얘기하고 있는'과 같은 수식어들 은 어떨까요? 여기서 만약 우리가 'to sit over there, to talk to Olivia'라고 한다면 '저기 앉을, Olivia와 얘기할'의 의미가 됩니다. 이는 to V가 '미래, 나중'의 개념을 은연중에 내포하고 있기 때 문인데요. 그래서 '현재나 진행'의 의미를 가지는 수식어는 to V 대신 Ving를 사용하시면 됩니다. 즉, sitting over there, talking to Olivia의 형태가 되겠죠?

Example

- **the handsome guy**
  저 잘생긴 남자

- **the funny guy**
  저 웃긴 남자

- **the guy sitting over there**
  저기 앉아 있는 저 남자

- **the guy talking to Olivia over there**
  저기서 Olivia랑 얘기하고 있는 저 남자

Snowball speaking training
눈덩이 굴리듯 문장 말하기 훈련

그림의 번호 순서대로 이미지를 연상해 보고 말하기 연습을 해보세요.

저기 앉아 있는 저 잘생긴 사람 누구야?

Who is the handsome guy
저 잘생긴 사람 누구야?

Who is the handsome guy sitting
앉아 있는 저 잘생긴 사람 누구야?

Who is the handsome guy sitting over there?
저기 앉아 있는 저 잘생긴 사람 누구야?

방에서 자고 있는 남자 내 동생이야.

The guy sleeping
자고 있는 남자

The guy sleeping in the room
방에서 자고 있는 남자

The guy sleeping in the room is my brother.
방에서 자고 있는 남자 내 동생이야.

저기 서 있는 저 남자가 이거 줬어.

The guy standing over there
저기 서 있는 저 남자

The guy standing over there gave
저기 서 있는 저 남자가 줬어

The guy standing over there gave me this.
저기 서 있는 저 남자가 이거 줬어.

Challenge yourself
스스로 말해보기

눈덩이 훈련과 끊어 읽기 연습을 하며, 영어 리듬감을 익혀보세요.

❶ Olivia랑 얘기하고 있는 저 남자 누구야?
   Who is the guy / talking to Olivia?

❷ 너를 향해 걸어오고 있는 저 남자 누구야?
   Who is the guy / walking towards you?

❸ Bryan 옆에 앉아 있는 저 남자 누구야?
   Who is the guy / sitting next to Bryan?

❹ 저기 앉아 있는 저 남자 내 동생이야.
   The guy sitting over there / is my brother.

❺ 무대에서 공연을 하고 있는 저 남자 내 동생이야.
   The guy performing *on stage / is my brother.

❻ 밖에 기다리고 있는 사람들이 많이 있어요.
   There are a lot of people / waiting outside.

실전 감각 기르기

Dialogue 1

 Is it always *this crowded?
여기 항상 이렇게 사람이 많아?

 Yeah, *especially on weekends. And you know what? There are a lot of people waiting outside, too.
응, 특히 주말에는. 그리고 그거 알아? 밖에도 사람들이 많이 기다리고 있어.

Dialogue 2

 Who is the guy talking to Olivia?
Olivia랑 얘기하는 저 사람 누구야?

 He's her new boyfriend. They've been dating for a couple of months now.
그녀의 새 남친이야. 둘이 사귄 지 지금 두어 달 정도 됐어.

---

* **on stage** 무대에 서서
* **this** 이렇게, 이 정도로
* **especially** 특히

Day 62

명사를 꾸며주는 형용사 덩어리 - 주격관계대명사 who

The woman who ordered an Americano a few minutes ago looks so familiar.

좀 전에 아메리카노 하나 주문한 여자분 낯이 되게 익네.

Learning point 핵심 포인트

명사 앞에서 명사를 수식해 주는 것을 형용사라고 하죠? a **pretty** woman처럼요. 그런데 이 수식어가 하나의 형용사로 표현이 안 된다면, 그때 사용하는 것이 바로 문장처럼 생긴 '덩어리 형용사(형용사절)'입니다. 한국어와는 달리 '명사 + **덩어리 형용사**'의 순서로 오고, 꾸밈 받는 명사가 '사람'이면 뒤따르는 덩어리 형용사(꾸밈말)는 'who(that) + 동사 ~'의 형태가 됩니다. 이 꾸밈말 속 동사의 시제는 의미에 따라 맞춰 주시면 되고요!

Example

- **the woman (who likes my brother)**

  우리 오빠를 좋아하는 그 여자

- **the woman (who doesn't like my brother)**

  우리 오빠를 안 좋아하는 그 여자

- **the woman (who is an engineer)**

  엔지니어인 그 여자

- **the woman (who ordered an Americano a few minutes ago)**

  좀 전에 아메리카노 하나를 주문한 여자

Snowball speaking training
눈덩이 굴리듯 문장 말하기 훈련

그림의 번호 순서대로 이미지를 연상해 보고 말하기 연습을 해보세요.

5개 국어를 하는 친구가 있어.

I have
난 있어

I have a friend
난 친구가 한 명 있어

I have a friend who speaks five languages.
나 5개 국어를 하는 친구가 한 명 있어.

너 엊그제 우리 도와줬던 그 여자 기억해?

Do you remember the woman
너 그 여자 기억해?

Do you remember the woman who helped us
너 우리 도와줬던 그 여자 기억해?

Do you remember the woman who helped us *the other day?
너 엊그제 우리 도와줬던 그 여자 기억해?

그 카페에서 일하는 그 여자는 정말 예뻐.

The woman
그 여자

The woman who works at the café
그 카페에서 일하는 그 여자

The woman who works at the café is really pretty.
그 카페에서 일하는 그 여자 정말 예뻐.

Challenge yourself
스스로 말해보기

눈덩이 훈련과 끊어 읽기 연습을 하며, 영어 리듬감을 익혀보세요.

❶ 좀 전에 아메리카노랑 스콘 하나 주문한 여자분이 낯이 되게 익네.
The woman / who ordered an Americano and a scone a few minutes ago / *looks so familiar.

❷ 너 어제 여기서 버스킹을 하고 있던 그 여자분 기억나?
Do you remember the woman / who was busking here yesterday?

❸ 저 분이 나한테 이거 주신 여자분이야.
That's the woman / who gave me this.

❹ 거기에 있던 사람들이 나를 도와줬어.
People who were there / helped me.

❺ 그녀는 파리에 사는 친구가 하나 있어.
She has a friend / who lives in Paris.

❻ 거기서 일하시던 어떤 분이 나한테 이거 주셨어.
Someone who was working there / gave me this.

실전 감각 기르기

Dialogue 1

 How was the party?
파티 어땠어?

 It was awesome.
The people who were there were very nice, too.
정말 좋았어. 거기 있던 사람들도 다 되게 좋았고.

Dialogue 2

 Do you know the man who *gave the presentation today?
너 오늘 발표한 남자분 누군지 알아?

 No, I don't. Why?
아니, 몰라. 왜?

 He looked very familiar. I think I've met him before.
되게 낯이 익었거든. 전에 본 적이 있는 것 같아.

* **the other day** 엊그제, 며칠 전에
* **look familiar** 낯이 익다
* **give a presentation** 발표하다

Day 63

명사를 꾸며주는 형용사 덩어리 - 목적격관계대명사 1 which, that

> **The tteokbokki we had yesterday was so spicy.**
> 우리 어제 먹은 떡볶이 너무 매웠어.

Learning point 핵심 포인트

명사를 꾸며주는 수식어가 단순히 하나의 형용사로 표현이 안 될 때 문장 형태의 '덩어리 형용사(형용사절)'를 사용하죠. 오늘 배울 내용도 동일하지만, 한 가지 차이점이 있습니다. 예를 들어, '우리 오빠를 좋아하는 그 여자'는 'the woman (**who** likes my brother)'라고 하죠. 그런데 '우리 오빠가 좋아하는 그 여자'는 어떨까요? 이는 'the woman (**my brother** likes)'로 표현합니다. 즉, 수식어 속에 '또 다른 주어' my brother가 필요하죠. 너무 규칙을 생각하기보단, 의미상으로 필요한 주어, 동사를 나열해 준다고 생각하시면 단순합니다! 이 경우도 앞에 명사가 사람이면 who/that, 사물이면 which/that으로 연결하되, Day 62와의 큰 차이점은 who/which/that이 생략 가능하다는 점입니다.

Example

- **hot coffee** 뜨거운 커피
- **the coffee (that) you like** 네가 좋아하는 그 커피
- **the coffee (that) he bought me** 그가 내게 사준 그 커피

Snowball speaking training
눈덩이 굴리듯 문장 말하기 훈련

그림의 번호 순서대로 이미지를 연상해 보고 말하기 연습을 해보세요.

우리 어제 먹은 떡볶이 너무 매웠어.

The tteokbokki (which/that) we had
우리가 먹은 떡볶이

The tteokbokki (which/that) we had yesterday
우리 어제 먹은 떡볶이

The tteokbokki (which/that) we had yesterday was so spicy.
우리 어제 먹은 떡볶이 너무 매웠어.

제가 빌릴 수 있는 우산 있을까요?

Do you have
있으세요?

Do you have an umbrella
우산 있으세요?

Do you have an umbrella (which/that) I can borrow?
제가 빌릴 수 있는 우산 있을까요?

너 우리가 파티에서 만났던 그 사람들 기억나?

Do you remember
너 기억나?

Do you remember the people
너 그 사람들 기억나?

Do you remember the people (who/that) we met at the party?
너 우리가 파티에서 만났던 그 사람들 기억나?

Challenge yourself
스스로 말해보기

눈덩이 훈련과 끊어 읽기 연습을 하며, 영어 리듬감을 익혀보세요.

❶ 그 인플루언서가 추천해 준 책 되게 좋아.

The book the influencer recommended / is so good.

❷ Chris가 산 차 진짜 멋있어.

The car Chris bought / is so cool.

❸ 이거 우리 엄마가 만드신 김치야.

This is the Kimchi / my mom made.

❹ 우리가 어제 본 영화 진짜 좋았어.

The movie we saw yesterday / was so good.

❺ 제가 빌릴 수 있는 펜 하나 있을까요?

Do you have a pen / I can borrow?

❻ 너 우리가 Mia의 생일 파티에서 만난 사람들 기억나?

Do you remember the people we met / at Mia's birthday party?

실전 감각 기르기

Dialogue 1

I finally finished the book the influencer recommended.
나 그 인플루언서가 추천한 책 드디어 다 읽었다!

Is it really that good?
진짜 그렇게 좋아?

Yes, it's so good. You should *definitely *check it out!
응, 정말 좋아. 너도 꼭 한번 봐봐!

Dialogue 2

This is the coat I bought 20 years ago, and this is the bag my *mother-in-law gave me when I got married.
이건 내가 20년 전에 산 코트고, 이건 우리 시어머니가 나 결혼할 때 주신 가방이야.

You use things for so long!
물건을 되게 오래 쓰는구나!

---

* **definitely** 분명히, 확실히
* **check it out** 확인하다
* **mother-in-law** 시어머니, 장모

Day 64

명사를 꾸며주는 형용사 덩어리 – 목적격관계대명사 2

The café I often go to is near the station.

내가 자주 가는 카페는 역 근처에 있어.

Learning point 핵심 포인트

계속해서 명사를 꾸며주는 수식어의 개념을 확장하고 있는데요. 오늘은 한 번쯤은 꼭 궁금하실 부분인 '꼬리'의 개념을 배워보겠습니다. '내가 보통 타는 그 버스'는 'the bus I usually take'이죠? 그런데 '내가 같이 일하는 그 사람들'은 'the people I work with'처럼 끝에 with와 같은 '꼬리'가 있어 줘야 한다는 것인데요. 이를 평서문으로 보자면 I work with the people.이죠. 이해를 돕기 위해 'I work with the people'이 적힌 종이의 양 끝을 연결한다고 생각해 볼까요? 그러면 I work **with** the people I work **with** the people…. 이런 식으로 반복 연결이 되겠죠. 이 개념에서 'the people I work with' 부분을 뜯어냈다고 생각해 보세요. 그러면 with가 왜 붙어야만 하는지 조금은 감이 오시겠죠?

Example

- **the guy Mia went to the movies with**
  Mia가 영화 보러 같이 갔던 그 남자

- **the café I often go to**
  내가 자주 가는 카페

- **the restaurant I took my parents to**
  내가 부모님을 모시고 갔던 그 레스토랑

Snowball speaking training
눈덩이 굴리듯 문장 말하기 훈련

그림의 번호 순서대로 이미지를 연상해 보고 말하기 연습을 해보세요.

내가 자주 가는 카페는 역 근처에 있어.

The café
카페

The café I often go to
내가 자주 가는 카페

The café I often go to is near the station.
내가 자주 가는 카페는 역 근처에 있어.

이게 사이트에서 내가 찾고 있었던 재킷이야.

This is the jacket
이게 재킷이야

This is the jacket I was looking for
이게 내가 찾고 있었던 재킷이야

This is the jacket I was looking for on the website.
이게 사이트에서 내가 찾고 있었던 재킷이야.

내가 부모님을 모시고 갔던 그 레스토랑은 내가 제일 좋아하는 곳 중 하나야.

The restaurant
그 레스토랑

The restaurant I took my parents to
내가 부모님을 모시고 갔던 그 레스토랑

The restaurant I took my parents to is one of my favorites.
내가 부모님을 모시고 갔던 그 레스토랑은 내가 제일 좋아하는 곳 중 하나야.

Challenge yourself
스스로 말해보기

눈덩이 훈련과 끊어 읽기 연습을 하며, 영어 리듬감을 익혀보세요.

❶ 전 저랑 같이 일하는 사람들이 좋아요.
I like the people / I work with.

❷ 로마는 내가 가본 최고의 도시야.
Rome is the best city / I've ever been to.

❸ 내가 보통 점심을 같이 먹는 사람들은 한식을 좋아해.
The people I usually have lunch with / like Korean food.

❹ 어제 Mia가 영화 보러 같이 갔던 그 남자가 새 남친이야.
The guy Mia went to the movies with yesterday / is her new boyfriend.

❺ 이게 네가 어제 찾고 있던 그 책이야?
Is this the book / you were looking for yesterday?

❻ 이게 내가 영어 공부하는 앱이야.
This is the app / I study English with.

실전 감각 기르기

Dialogue 1

Any good places for a *family gathering?
가족 모임 할 만한 괜찮은 장소 있나?

The restaurant I took my parents to is a bit pricey, but the food was really good.
내가 부모님 모시고 갔던 레스토랑이 좀 비싸긴 한데, 음식은 진짜 맛있었어.

Dialogue 2

Have you *heard of the guy Jenny is talking about?
Jenny가 얘기하는 그 사람에 대해 들어본 적 있어?

Yeah, I've heard a lot about him, but I've never seen his videos.
응, 그에 대해 많이 들어는 봤는데, 영상을 본 적은 없어.

He's *hilarious and super famous on social media.
그 사람 진짜 웃기고, SNS에서 엄청 유명해.

---

* **family gathering** 가족 모임
* **heard of** 어떤 것의 단순한 '이름, 존재' 등에 대해 들어본 적 있는지를 의미
  (heard about은 그것에 대한 더 자세한 정보를 들어본 적이 있는지를 의미)
* **hilarious** 아주 우스운

Day 65
what (~한 것)

This is what I ordered online and this is what I got.

제가 온라인으로 주문한 건 이건데, 이게 왔네요.

Learning point 핵심 포인트

"That's what I'm saying!"은 "내 말이 그 말이야!"라는 표현인데요. 구조를 살펴보면 'That(그것) = what I'm saying(내가 말하고 있는 것)'의 저울 구조이죠. 사실 원래 문장은 'That is **the thing that** I'm saying.'인데, 'the thing(~것, 무언가)'과 'that'을 묶어 what으로 대체가 가능한 거예요. 주의할 부분은 'That is the thing that I ordered, That is what I ordered.'의 형태는 가능하나, the thing과 what을 같이 쓴 'That is the thing what I ordered.'은 틀리다는 점입니다.

Example

- **That's what I meant.**
  그게 내가 말하려던 거야.

- **That's what we've done.**
  그게 우리가 한 거야.

- **I don't know what she wants.**
  그녀가 원하는 것을 모르겠어.

- **Is this what they were looking for?**
  이게 걔네들이 찾고 있었던 거야?

Snowball speaking training
눈덩이 굴리듯 문장 말하기 훈련

그림의 번호 순서대로 이미지를 연상해 보고 말하기 연습을 해보세요.

이거 생일 선물로 네가 원하는 거야?

Is this
이거

Is this what you want
이거 네가 원하는 거야?

Is this what you want for your birthday?
이거 생일 선물로 네가 원하는 거야?

제가 온라인으로 주문한 건 이건데, 이게 왔네요.

This is what I ordered
제가 주문한 건 이거예요

This is what I ordered online
제가 온라인으로 주문한 건 이거예요

This is what I ordered online and this is what I got.
제가 온라인으로 주문한 건 이건데, 이게 왔네요.

그가 필요한 건 일에서 벗어나 쉬는 거야.

What he needs
그가 필요한 건

What he needs is a break
그가 필요한 건 쉬는 거야

What he needs is a break from work.
그가 필요한 건 일에서 벗어나 쉬는 거야.

Challenge yourself
스스로 말해보기

눈덩이 훈련과 끊어 읽기 연습을 하며, 영어 리듬감을 익혀보세요.

❶ 그게 내가 원해왔던 거야.
That's / what I've wanted.

❷ 내가 필요한 건 커피야.
What I need / is coffee.

❸ 난 그녀가 말하는 것을 이해하지 못했어.
I didn't understand / what she said.

❹ 이거 제가 주문한 게 아닌데요.
This is not / what I ordered.

❺ 나는 내가 뭘 잘하는 지 모르겠어.
I don't know / what I'm *good at.

❻ 그들이 한 일은 믿을 수가 없다
What they did / is *unbelievable.

실전 감각 기르기

Dialogue 1

 **Well, this is not what I ordered.
I ordered a pepperoni pizza, not a veggie one.**
음, 이거 제가 주문한 게 아니네요. 저는 야채 피자가 아니고 페퍼로니 피자 주문했어요.

 Oh, really? Let me check the order.
아, 진짜요? 주문 한번 확인해 볼게요.

Dialogue 2

 (Are you sure) you don't need anything else?
다른 거 필요한 거 없어?

 Nope, what I need is just coffee.
아니, 내가 필요한 건 그냥 커피야.

 Okay, I'll grab it for you right away!
알았어, 내가 바로 가져다줄게!

* **good at** ~을 잘하는
* **unbelievable** 믿기 어려운

Day 66

to부정사(~하기, 하는 것)

I'm trying not to laugh.

안 웃으려고 노력 중이야.

Learning point 핵심 포인트

want 뒤에는 무엇을 원하는지 '명사'를 써서 나타내죠. 'I want + 커피.'처럼요. 그러면 '나 새 노트북 사고 싶어.'는 어떻게 말할까요? 'I want + 새 노트북을 사기'의 구조가 됩니다. 이때, buy a new laptop이 아니라 to buy a new laptop이라고 해야 동사(~하다)가 '명사(~하기, 하는 것)화' 될 수 있습니다. 영어에서 '미래, 나중, 오른쪽 화살표'의 의미를 내포하는 to는 want **to** buy에서 두 동사 간의 시간 간격을 보여줍니다. 원하는 게(want) 먼저고 그다음에 사게(buy) 되는 시간적 순서, 화살표 방향(→)이 보이시나요? 이는 decide, hope, plan, try, need 등에도 적용됩니다.

Example

- **I want to be happy.**
  난 행복해지고 싶어.

- **We've decided to move to another city.**
  우리는 다른 도시로 이사가기로 결정했어.

- **I hope to see you again.**
  너를 다시 보길 바라.

Snowball speaking training
눈덩이 굴리듯 문장 말하기 훈련

그림의 번호 순서대로 이미지를 연상해 보고 말하기 연습을 해보세요.

새 차 사고 싶다.

I want
난 하고 싶다

I want to buy
난 사고 싶다

I want to buy a new car.
새 차 사고 싶다.

나 그 제안 받아들이기로 했어.

I've decided
나 결정했어

I've decided to accept
나 받아들이기로 했어

I've decided to accept the offer.
나 그 제안 받아들이기로 했어.

나 안 웃으려고 노력 중이야.

I'm trying
난 노력 중이야

I'm trying not
나 안 하려고 노력 중이야

I'm trying not to laugh.
나 안 웃으려고 노력 중이야.

Challenge yourself
스스로 말해보기

눈덩이 훈련과 끊어 읽기 연습을 하며, 영어 리듬감을 익혀보세요.

1 그녀도 그것에 대해 알 필요가 있어.
She needs to know / about it.

2 이번 주말에 남친이랑 캠핑 갈 계획이야.
I'm planning to go camping / with my boyfriend / this weekend.

3 그녀는 개발자가 되고 싶어 해.
She wants to be a developer.

4 우리 환전을 할 필요가 있어.
We need to exchange some money.

5 나 일 그만두기로 했어.
I've decided to *quit my job.

6 그것에 대해서 생각 안 하려고 노력 중이야.
I'm trying / not to think about it.

실전 감각 기르기

Dialogue 1

 I want to buy a new car. I think my car is too old.
새 차 사고 싶다. 내 차 너무 오래된 것 같아.

 How long have you had it?
그 차 얼마나 탔지?

 I bought it when I first joined this company... so it's been almost 6 years.
이 회사 처음 입사했을 때 샀으니까... 거의 6년 됐네.

Dialogue 2

 Did you get what he was saying?
그가 뭐라고 말했는지 알겠어?

 *Kind of. He tried to explain something, but no one really understood him.
어느 정도는? 그는 뭔가 설명하려고 했는데, 아무도 잘 이해하진 못했어.

* **quit** 그만두다
* **kind of** 약간, 어느 정도

281

Day

67

동명사 (~하기, 하는 것)

Stop thinking about it.

그것에 대해서 그만 생각해!

Learning point 핵심 포인트

enjoy 뒤에는 무엇을 즐기는지 '명사'를 써서 나타내죠. 'I enjoy + 나의 인생.'처럼요. 그러면 '나 여기서 일하는 걸 즐겨.'는 어떻게 말할까요? 'I enjoy + 여기서 일하는 것'의 구조가 됩니다. 이때, work here가 아니라 working here라고 해야 동사(~하다)가 '명사(~하기, 하는 것)화' 될 수 있습니다. 일하던 것이(work) 먼저고 그래서 그것을 즐긴다(enjoy)고 말하는 것이므로 시간적 순서, 화살표 방향(←)이 지난 시간의 to와 반대인 것 보이시나요? 이렇게 '역방향으로 가는 느낌, 오른쪽으로 안 가려고 하는 느낌'의 경우는 to 대신 Ving의 형태를 사용해 줍니다. 이는 stop, keep, remember, avoid, mind 등에도 적용됩니다.

Example

- **I can't stop coughing.**
  기침을 멈출 수가 없어.

- **Would you mind closing the door?**
  문을 닫아 주시겠어요?

- **Keep going!**
  계속 가세요!

Snowball speaking training
눈덩이 굴리듯 문장 말하기 훈련

그림의 번호 순서대로 이미지를 연상해 보고 말하기 연습을 해보세요.

그것에 대해서 그만 생각해!

Stop
그만해

Stop thinking
그만 생각해

Stop thinking about it!
그것에 대해서 그만 생각해!

저는 여행하면서 새로운 사람들을 만나는 것을 즐겨요.

I enjoy
저는 즐겨요

I enjoy meeting new people
저는 새로운 사람들을 만나는 것을 즐겨요

I enjoy meeting new people *while traveling.
저는 여행하면서 새로운 사람들을 만나는 것을 즐겨요.

저 그 파티에서 당신을 만났던 거 기억해요.

I remember
저 기억해요

I remember meeting you
저 당신을 만났던 거 기억해요

I remember meeting you at the party.
저 그 파티에서 당신을 만났던 거 기억해요.

Challenge yourself
스스로 말해보기

눈덩이 훈련과 끊어 읽기 연습을 하며, 영어 리듬감을 익혀보세요.

❶ 여기서 잠깐 기다리시는 거 꺼리세요(괜찮으세요)?
   Do(Would) you mind waiting here / *for a second?

❷ 이게... 자꾸 계속 내려가네...
   It keeps falling down.

❸ 나 거기에 너랑 같이 있었던 거 기억해.
   I remember being there / with you.

❹ 나는 주말에는 일을 하지 않으려고 해(일하는 것을 피해).
   I avoid working / on weekends.

❺ 계속 먹게 되네(먹는 걸 멈출 수가 없네).
   I can't stop eating.

❻ 저 걷는 거 괜찮아요(불편하지 않아요).
   I don't mind walking.

실전 감각 기르기

Dialogue 1

Why do you always leave so early?
너는 왜 항상 그렇게 일찍 출발해?

I avoid driving during rush hour. It saves me a lot of time.
나는 출퇴근 시간에 운전하는 걸 피하거든. 그게 시간을 많이 절약해.

Dialogue 2

I need to grab something from my car. Do you mind waiting here for a second?
차에서 뭔가 좀 가져와야겠는데. 여기서 잠깐 기다려줄 수 있어요?

No problem! *Go ahead!
그럼요(문제없어요)! 다녀오세요!

---

* **while traveling** 여행하면서
* **for a second** 잠시, 잠깐
* **Go ahead.** 그럼요. 계속 하세요.

Day
68

to부정사, 동명사 모두 쓰일 수 있는 동사

I don't like waiting in long lines.

저는 긴 줄 기다리는 거 안 좋아해요.

Learning point 핵심 포인트

동사 뒤에 또 다른 동사를 '명사'로 만드는 방법이 2가지가 있었죠? to V와 Ving의 형태였는데요. 둘 중에 어떤 형태를 사용하느냐는 앞에 쓰이는 동사의 의미가 오른쪽 화살표 방향으로 가는 느낌인지(to V), 아니면 역방향으로 가는 느낌 혹은 오른쪽 방향으로 안 가려고 하는 느낌인지(Ving)에 달려있었습니다. **want** to go, **try** to do, **enjoy** working, **stop** doing처럼요. 그런데 이 둘 중 어떤 형태를 선택해 사용하더라도 의미에 큰 차이가 없는 동사들도 존재합니다. 예를 들어, like, love, hate, prefer, start 등은 to V와 Ving를 모두 사용할 수 있습니다. 물론, 약간의 뉘앙스적 차이는 있지만, 큰 맥락에선 혼용이 가능하다는 점 알아두세요!

Example

- **He likes to cook. / He likes cooking.**
  그는 요리하는 거 좋아해.

- **She hates to wake up early. / She hates waking up early.**
  그녀는 일찍 일어나는 거 싫어해.

- **We prefer to eat at home. / We prefer eating at home.**
  우리는 집에서 먹는 걸 선호해.

Snowball speaking training
눈덩이 굴리듯 문장 말하기 훈련

그림의 번호 순서대로 이미지를 연상해 보고 말하기 연습을 해보세요.

저는 긴 줄 기다리는 거 안 좋아해요.

I don't like
저는 안 좋아해요

I don't like waiting
저는 기다리는 거 안 좋아해요

I don't like waiting in long lines.
저는 긴 줄 기다리는 거 안 좋아해요.

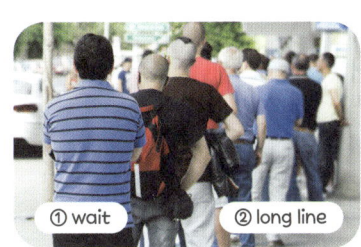

그녀는 방에서 책을 쓰기 시작했다.

She started
그녀는 시작했다

She started writing a book
그녀는 책을 쓰기 시작했다

She started writing a book in her room.
그녀는 방에서 책을 쓰기 시작했다.

그녀는 지난달에 책을 쓰기 시작했다.

She started
그녀는 시작했다

She started to write a book
그녀는 책을 쓰기 시작했다

She started to write a book last month.
그녀는 지난달에 책을 쓰기 시작했다.

Challenge yourself
스스로 말해보기

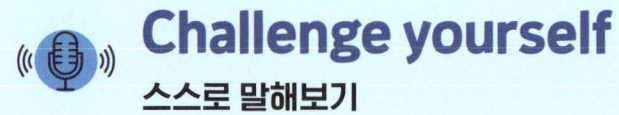

눈덩이 훈련과 끊어 읽기 연습을 하며, 영어 리듬감을 익혀보세요.

❶ 저는 새로운 사람들 만나는 거 좋아해요.
I like meeting(to meet) new people.

❷ 그들은 책에 대한 얘기를 나누기 시작했어요.
They started talking about books.

∴ start talking 단순히 '이야기를 시작하는 것'. 어떤 '행위의 시작'을 강조 (더 일반적으로 쓰임)
start to talk 말하기로 결심하거나 목표로 삼을 때 더 잘 어울림. '목표나 의도'를 강조

❸ 재택근무를 선호하세요?
Do you prefer / working(to work) from home?

❹ 나는 매일 똑같은 일을 하는 게 싫어.
I hate doing(to do) the same thing / every day.

❺ 혼자서 영화 보러 가는 거 좋아해?
Do you like / going(to go) to the movies / alone?

❻ 저는 노래하는 거 좋아하는데, 많은 사람들 앞에서 노래 부르는 건 안 좋아해요.
I like singing, / but I don't like to sing / in front of many people.

실전 감각 기르기

Dialogue 1

 Have you been to that new bakery?
저기 새로 생긴 빵집 가봤어?

 I heard it's good, but I don't like waiting in long lines.
괜찮다는 얘기는 들었는데, 나는 긴 줄 기다리는 거 안 좋아해서.

 Maybe we can go early in the morning...?
아침 일찍 가면 되지 않을까...?

Dialogue 2

 Do you like going to the movies alone?
혼자서 영화 보러 가는 거 좋아해?

 Yes, I love it! It's a chance to have some *"me-time".
응, 정말 좋아해! 나만의 시간을 가질 기회니까.

* **me-time** 나를 위한 휴식 시간

Day 69

to부정사, 동명사(~하기, 하는 것) 복습 1

> **I remember being really nervous.
> I wanted to make a good impression.**
>
> 정말 긴장됐던 기억이 나. 좋은 인상을 주고 싶었거든.

Learning point 핵심 포인트

앞서 동사 뒤에 또 다른 동사를 '명사(~하기, 하는 것)'로 만드는 2가지 방법(to V, Ving)을 익혀봤습니다. 앞에 쓰이는 동사의 의미에 따라 뒤따르는 동사는 두 형태 중에 선택해서 사용해야 하는 개념이죠. 특히나 두 동사가 연결될 때 뒤에 오는 동사의 변형 형태를 바로바로 구분해서 말할 수 있는 것이 중요한데요. 그래서 이번 day에서는 이전에 다뤘던 동사들을 무작위로 섞어 놓은 후 구분해서 말하는 연습을 해보겠습니다.

Example

- **I tried to look *sober.**
  나는 안 취해 보이려고(멀쩡해 보이려고) 노력했었어.

- **She wants to learn Spanish.**
  그녀는 스페인어를 배우고 싶어 해요.

- **I don't mind working on weekends.**
  전 주말에 일하는 거 꺼리지 않아요.

- **He avoided answering the question.**
  그는 질문에 대답하는 것을 피했어.

Snowball speaking training
눈덩이 굴리듯 문장 말하기 훈련

그림의 번호 순서대로 이미지를 연상해 보고 말하기 연습을 해보세요.

저는 풀타임으로 일하는 것도 괜찮아요.

I don't mind
저는 괜찮아요

I don't mind working
저는 일하는 것도 괜찮아요

I don't mind working full time.
저는 풀타임으로 일하는 것도 괜찮아요.

저는 남편과 함께 스페인어를 배우고 싶어요.

I want to learn
저는 배우고 싶어요

I want to learn Spanish
저는 스페인어를 배우고 싶어요

I want to learn Spanish with my husband.
저는 남편과 함께 스페인어를 배우고 싶어요.

그는 똑같은 이야기를 무한반복 계속 해.

He keeps talking
그는 이야기를 계속 해

He keeps talking about the same story
그는 똑같은 이야기를 계속 해

He keeps talking about the same story over and over.
그는 똑같은 이야기를 무한반복 계속 해.

Challenge yourself
스스로 말해보기

눈덩이 훈련과 끊어 읽기 연습을 하며, 영어 리듬감을 익혀보세요.

① 왜 전공을 바꾸고 싶어?
Why do you want to change / your major?

② 소리 그만 질러…!
Stop screaming…!

③ 저희는 몇 달 전에 사귀기 시작했어요.
We started dating / a few months ago.

④ 그는 뭔가 숨기려고 애쓰고 있어.
He is trying to hide something.

⑤ 저희 사진 한 장 찍어 주시는 거 괜찮으세요?
Do(Would) you mind taking / a picture of us?

⑥ 정치에 대해 이야기하고 싶지 않아요.
I don't want to talk about politics.

실전 감각 기르기

Dialogue 1

Were you *drunk last night?
어젯밤에 취했었어?

I tried to look sober, but I couldn't hide it.
멀쩡해 보이려고 노력했는데, 숨길 수가 없더라.

Dialogue 2

How did you feel when you first met your wife?
아내를 처음 만났을 때 기분 어땠어?

I remember being really nervous.
I wanted to *make a good impression.
정말 긴장됐던 기억이 나. 좋은 인상을 주고 싶었거든.

* **sober** 술 취하지 않은
* **drunk** 술이 취한
* **make a good impression** 좋은 인상을 주다

Day 70

to부정사, 동명사(~하기, 하는 것) 복습 2

I hate working out, but I decided to give it a shot!

전 운동하는 것을 싫어하지만, 한 번 해보기로 했어요!

Learning point 핵심 포인트

앞서 우리는 동사 뒤에 다른 동사를 '명사' 형태로 만드는 두 가지 방법(to V, Ving)에 대해 배웠습니다. 앞에 사용된 동사의 의미에 따라 뒤에 오는 동사를 적절히 선택해야 했었죠. 즉, 두 형태 중에서 알맞은 것을 골라 사용하는 것이 중요합니다. 입에서 바로 나올 수 있도록 연습이 필요한 부분인 만큼 이번 day에서도 이전에 학습한 동사들을 무작위로 섞어 놓고, 각각의 경우에 맞는 동사 형태를 정확히 구분하여 말하는 연습을 한 번 더 해보겠습니다.

Example

- **We've decided to sell my car.**
  우리 내 차 팔기로 했어.

- **I need to grab something from my car.**
  나 차에서 뭐 좀 가져와야 해.

- **I can't stop thinking about her.**
  난 그녀에 대한 생각을 멈출 수가 없어.

- **I hate doing the same thing every day.**
  난 매일 같은 일을 하는 게 싫어.

Snowball speaking training
눈덩이 굴리듯 문장 말하기 훈련

그림의 번호 순서대로 이미지를 연상해 보고 말하기 연습을 해보세요.

우리는 로스앤젤레스에서 차를 빌리기로 결정했어.

We've decided
우리는 결정했어

We've decided to rent a car
우리는 차를 빌리기로 결정했어

We've decided to rent a car in Los Angeles.
우리는 로스앤젤레스에서 차를 빌리기로 결정했어.

그는 장난감을 잡으려고 하고 있어요.

He is trying
그는 ~하려고 하고 있어요

He is trying to grab
그는 잡으려고 하고 있어요

He is trying to grab the toy.
그는 장난감을 잡으려고 하고 있어요.

SNS에서 스크롤하는 걸 멈출 수가 없어.

I can't stop
~하는 걸 멈출 수가 없어

I can't stop *scrolling
스크롤하는 걸 멈출 수가 없어

I can't stop scrolling on social media.
SNS에서 스크롤하는 걸 멈출 수가 없어.

Challenge yourself
스스로 말해보기

눈덩이 훈련과 끊어 읽기 연습을 하며, 영어 리듬감을 익혀보세요.

❶ 기침을 멈출 수가 없네.
   I can't stop coughing.

❷ 난 행복하고 싶어.
   I want to be happy.

❸ 그는 그의 강아지 Max에 대해 얘기하기 시작했어.
   He started talking about his dog, / Max.

❹ 난 탄수화물 먹는 걸 피하려고 노력 중이야.
   I'm trying to avoid / eating *carbs.

❺ 나 차 팔기로 했어.
   I've decided to sell my car.

❻ 그는 정치에 대해 이야기하는 걸 피했다.
   He avoided / talking about politics.

실전 감각 기르기

Dialogue 1

 Do you like your new job?
새 일은 어때?

 It's okay, but I hate doing the same thing every day. It's kind of boring.
괜찮긴 한데, 매일 같은 일을 하는 게 싫어. 좀 지루해.

Dialogue 2

 How was your day?
오늘 하루 어땠어?

 Hmm… I don't want to talk about it.
음… 얘기하고 싶지 않아.

 Alright, if you need someone to talk to, *I'm always here for you.
알겠어, 대화할 사람이 필요하면, 난 항상 네 곁에 있어.

* **scroll** (스마트폰, PC 등) 화면의 스크롤을 내리다
* **carbs** 탄수화물
* **I'm always here for you.** 난 항상 네 곁에 있어.

Day 71

I want you to V / Do you want me to V? 패턴 익히기

Do you want me to pick you up?

내가 데리러 갈까?

Learning point 핵심 포인트

'I want to be happy.'는 '나는 행복하고 싶어.'이죠. 그렇다면 '저는 제 전 여친이 행복했으면 좋겠어요.'는 어떻게 말할까요? 굉장히 복잡해 보이지만 구조 하나만 이해하신다면 정말 간단하게 말할 수 있습니다. 'I want **my ex** to be happy.'처럼 to V(동사) 앞에 'to be happy의 의미적인 주어'처럼 느껴지는 my ex를 넣어주기만 하면 끝입니다! 만약 '너, 그녀, 그들'과 같은 대명사로 표현하신다면 목적격(you/her/him 등)의 형태를 사용한다는 점 기억해 주세요. 더불어 이 구조로 자주 사용되는 표현 'Do you want **me** to V? (너 내가 ~해주길 원해/~해줄까?)도 함께 익혀보겠습니다!

Example

I want   (누가)   (~하기를)

I want   you   **to stay** here.   나는 네가 여기 있었으면 해.

I want   her   **to stay** here.   나는 그녀가 여기 있었으면 해.

Do you want me **to stay** here?   넌 내가 여기 있었으면 해?

Snowball speaking training
눈덩이 굴리듯 문장 말하기 훈련

그림의 번호 순서대로 이미지를 연상해 보고 말하기 연습을 해보세요.

나는 네가 여기 있었으면 해.

I want you
나는 네가 ~하길 원해

I want you to stay
나는 네가 있었으면 해

I want you to stay here.
나는 네가 여기 있었으면 해.

(너 내가) 도와줄까?

Do you want me
너 내가 ~하길 원해?

Do you want me to help
너 내가 도와주길 원해?

Do you want me to help you?
(너 내가) 도와줄까?

내가 너 데리러 갈까?

Do you want me
너 내가 ~하길 원해?

Do you want me to pick up
너 내가 데리러 가길 원해?

Do you want me to pick you up?
내가 너 데리러 갈까?

Challenge yourself
스스로 말해보기

눈덩이 훈련과 끊어 읽기 연습을 하며, 영어 리듬감을 익혀보세요.

① 나는 네가 나한테 솔직했으면 해.
   I want you to be honest / with me.

② 너는 내가 여기에서 기다리기를 원하니?
   Do you want me to / wait here?

③ 그녀는 네가 전화해 주길 바라고 있어.
   She wants you to / call her.

④ 택시 불러 줄까?
   Do you want me to / call you a cab?

⑤ 내가 너 깨워줘?
   Do you want me to / wake you up?

⑥ 난 그녀가 나와 함께 거기에 있길 바랐었어.
   I wanted her / to be there with me.

실전 감각 기르기

Dialogue 1

 My phone is *acting up again.
내 폰이 또 이상해.

 Do you want me to help you? Maybe I can fix it.
도와줄까? 내가 고칠 수 있을지도 몰라.

Dialogue 2

 Honey, I want you to take care of dinner tonight. You know my favorite dish!
자기야, 오늘 저녁은 자기가 준비해 줘. 내가 가장 좋아하는 요리 알지!?

 Do I...?
내가 (알아)...?

* **act up** (무엇이) 말을 안 듣다, 제 기능을 못하다

Day 72

I told you to V / Tell him to V 패턴 익히기

Tell her to call me.

그녀보고 나한테 전화 좀 해달라고 해줘.

Learning point 핵심 포인트

이번 day에서는 동사 tell(말하다)과 관련된 표현들을 익혀볼 예정입니다. 기본적으로 'tell + 누구한테 + ~하라고'의 구조를 바탕으로 하는데요. '내가 그에게 여기 있으라고 했어.'는 I told him(누구한테) to stay here(~하라고). '그들한테 여기 있으라고 해줘.'는 Tell them(누구한테) to stay(~하라고) here.의 형태가 됩니다. '누구한테'에 해당하는 개념은 '목적격'의 형태로, '~하려고'의 개념은 'to V 형태'를 사용한다는 점만 기억하면 끝입니다!

Example

(주어)	told	(누구한테)	(~하라고)	
I	told	him	to go.	난 그한테 가라고 했어.
She	told	me	to go.	그녀는 나한테 가라고 했어.

Tell	(누구한테)	(~하라고)	
Tell	them	to go.	그들한테 가라고 해줘.

Snowball speaking training
눈덩이 굴리듯 문장 말하기 훈련

그림의 번호 순서대로 이미지를 연상해 보고 말하기 연습을 해보세요.

네 여동생에게 잘 대해주라고 했지.

I told you
내가 너한테 말했어

I told you to be nice
내가 너한테 잘 대해주라고 했지

I told you to be nice to your sister.
네 여동생에게 잘 대해주라고 했지.

그가 저보고 여기서 기다리라고 했어요.

He told me
그가 저보고 말했어요

He told me to wait
그가 저보고 기다리라고 했어요

He told me to wait here.
그가 저보고 여기서 기다리라고 했어요.

그녀보고 나한테 전화 좀 해달라고 해줘.

Tell her
그녀보고 말해줘

Tell her to call
그녀보고 전화 좀 해달라고 해줘

Tell her to call me.
그녀보고 나한테 전화 좀 해달라고 해줘.

Challenge yourself
스스로 말해보기

눈덩이 훈련과 끊어 읽기 연습을 하며, 영어 리듬감을 익혀보세요.

① 내가 너한테 그 서류 가지고 오라고 했잖아.
   I told you / to bring the document.

② 네가 그녀한테 가라고 했어?
   Did you tell her / to go?

③ 그들한테 밖에서 기다리라고 해.
   Tell them / to wait outside.

④ Chris한테 미팅 끝나고 나한테 전화 좀 해달라고 해줘.
   Tell Chris / to call me / after the meeting.

⑤ 그녀가 Amy한테 가라고 했어요.
   She told Amy / to go.

⑥ 내가 너한테 네 물건들 여기에 두지 말랬잖아!
   I told you / not to leave your *stuff here!

실전 감각 기르기

Dialogue 1

 I told you to be careful.
내가 조심하라고 했잖아.

 It was an accident, *I swear!
사고였어, 진짜야!

Dialogue 2

 I told you not to leave your socks here!
내가 양말 여기 두지 말라고 했지요!

 **They were just *chilling out. Be nice.
... Alright, alright. I'll put them away now.**
걔네들 그냥 쉬고 있던 거야. 좀 봐줘.
... 알겠어. 알겠어. 내가 지금 치울게.

---

* **stuff** 물건
* **I swear!** 진짜야!, 나 맹세해!
* **chill out** 긴장을 풀다, 휴식을 취하다

Day

73

'의문사+to부정사' 덩어리 학습

Just tell me when to stop.

얼마큼 따르면 되는지 그냥 말해줘.

Learning point 핵심 포인트

혹시 설명서에서 'How to use'라고 쓰여 있는 것 보신 적 있으세요? 'How to use'는 '사용 방법, 어떻게 사용하는지'의 의미인 '명사 덩어리'인데요. 이를 응용하면 정말 다양하게 확장하여 사용할 수 있습니다. 예를 들어, how to use에 use를 how to **make**, how to **do**, how to **cook**과 같이 다른 동사들로 바꿔 사용할 수도 있고요. 아예 how를 다른 의문사로 바꿔 사용해 볼 수도 있습니다. **what** to eat, **where** to stay, **when** to stop처럼요. 이들 모두 '명사 덩어리'의 역할을 하므로 문장에서 명사가 필요한 자리에 쓰일 수 있게 됩니다.

Example

- **how to make** 어떻게 만드는지
- **what to do** 뭘 할지
- **where to go** 어디를 갈지
- **when to leave** 언제 떠날지

Snowball speaking training
눈덩이 굴리듯 문장 말하기 훈련

그림의 번호 순서대로 이미지를 연상해 보고 말하기 연습을 해보세요.

그거 어떻게 사용하는 건지 알려줄 수 있어요?

Can you teach(show) me
알려줄 수 있어요?

Can you teach(show) me how to use
어떻게 사용하는 건지 알려줄 수 있어요?

Can you teach(show) me how to use it?
그거 어떻게 사용하는 건지 알려줄 수 있어요?

얼마큼 따르면 되는지 그냥 말해줘.

Just tell
그냥 말해줘

Just tell me
그냥 (내게) 말해줘

Just tell me when to stop.
얼마큼 따르면 되는지 그냥 말해줘.

우린 어디서 머물지, 뭘 먹을지 아직 안 정했어.

We haven't decided
우린 아직 안 정했어

We haven't decided where to stay
우린 어디서 머물지 아직 안 정했어

We haven't decided where to stay and what to eat.
우린 어디서 머물지, 뭘 먹을지 아직 안 정했어.

Challenge yourself
스스로 말해보기

눈덩이 훈련과 끊어 읽기 연습을 하며, 영어 리듬감을 익혀보세요.

❶ 프사 바꾸는 법 좀 알려줄 수 있어?
Can you teach(show) me / how to change my profile picture?

❷ 우린 어디서 머물지, 뭘 먹을지, 뭘 할지 안 정했어.
We haven't decided / where to stay, / what to eat / and what to do.

❸ 너 이거 어떻게 하는지 알아?
Do you know / how to do it?

❹ 뭐라 말해야 할지 모르겠어.
I don't know / what to say.

❺ 나 어디에 앉으면 되는지 말해줘.
Tell me / where to sit.

❻ 그 카드 게임 어떻게 하는지 우리 좀 보여줘.
Show us / how to play the card game.

실전 감각 기르기

Dialogue 1

Just tell me when to stop.
얼마큼 따를지 말해줘.

A little more. Yeah, that's perfect!
조금만 더. 어어, 그 정도면 딱 좋아!

Dialogue 2

I don't know what to order. Everything looks so good!
뭘 주문해야 할지 모르겠어. 다 맛있어 보이네!

I know, right? *I'm torn between the mozzarella sticks and the nachos *thing...
그렇지? 모짜렐라 스틱이랑 나초 어쩌고 둘 사이에서 고민 중이야...

* **I'm torn between ~** 나 ~사이에서 아직 고민 중이야
* **~ thing** 뭐 그런 것(정확한 이름을 모르거나 기억이 안 날 때 사용)

Day 74

명사 덩어리 집중 학습

I didn't know that she left the office.

나는 그녀가 사무실을 떠났다는 걸 몰랐어.

Learning point 핵심 포인트

지난 day에 명사의 확장 개념인 how to use it(그걸 어떻게 사용하는지)의 구조를 배워봤습니다. 여기에선 '미래, 나중'의 의미를 가지는 to를 사용하기에, 만약 '그녀가 그걸 어떻게 사용**했는지**'와 같이 말하고 싶다면 벽에 부딪히게 되죠. 이는 '미래나 나중'의 의미도 아니고, '그녀'라는 특정한 주어도 있기 때문입니다. 이번 day에서는 이를 해결해 줄, 더 확장된 '문장(주어+동사) 형태의 명사 덩어리'를 집중적으로 익혀보겠습니다. 순서만 기억하시면 돼요. '동그라미(의문사/if/that)+주어+동사'

Example

- (why) she is still there

  그녀가 왜 아직 거기에 있는지

- (if) she is still there

  그녀가 아직 거기에 있는지 없는지

- (that) she is still there

  그녀가 아직 거기 있다는 것(사실)

Snowball speaking training
눈덩이 굴리듯 문장 말하기 훈련

그림의 번호 순서대로 이미지를 연상해 보고 말하기 연습을 해보세요.

너 그녀가 왜 아직 거기에 있는지 알아?

Do you know
너 알아?

Do you know why she is still there?
너 그녀가 왜 아직 거기에 있는지 알아?

너 그녀가 아직 거기에 있는지 없는지 알아?

Do you know
너 알아?

Do you know if she is still there?
너 그녀가 아직 거기에 있는지 없는지 알아?

너 그녀가 아직 거기에 있다는 거 알아?

Do you know
너 알아?

Do you know that she is still there?
너 그녀가 아직 거기에 있다는 거 알아?

Challenge yourself
스스로 말해보기

눈덩이 훈련과 끊어 읽기 연습을 하며, 영어 리듬감을 익혀보세요.

1 그가 어디 사는지
where he lives

2 그가 어제 왜 안 왔는지
why he didn't come yesterday

3 그녀가 준비가 됐는지
if she is ready

4 그가 지난주에 아팠다는 걸(사실을)
that he was sick last week

5 우리가 컵을 몇 개나 가지고 있는지
how many cups we have

6 그녀가 내일 올 수 있는지
if she can come tomorrow

실전 감각 기르기

Dialogue 1

 Do you know why...?
너 왜 그런지 알아...?

 Know what?
뭐를?

 Why Mia didn't *show up yesterday.
Mia가 어제 왜 오지 않았는지.

Dialogue 2

 Hey, did you hear that...?
야, 너 그거 들었어...?

 Hear what? *Spit it out!
뭘 들어? 얼른 얘기해!

 That Mia is going to get married next month!
Mia가 다음 달에 결혼한다는 거!

---

* **show up** 나타나다
* **Spit it out!** 얼른 얘기해!, 어서 말해!

Day 75

I don't remember ~. / Do you know ~? 패턴에 명사 덩어리(wh-) 결합

Do you remember when it was?

그게 언제였는지 기억나?

Learning point 핵심 포인트

지난 day에서 배워본 '문장(주어 + 동사) 형태'의 확장된 '명사 덩어리'는 '순서'가 중요 포인트였습니다. '동그라미(의문사/if/that) + 주어 + 동사'의 순서였죠. 이번에는 '동그라미' 자리에 '의문사'가 쓰이는 '명사 덩어리'가 문장 속에서 어떻게 사용되는지 집중해서 알아볼 텐데요. 필요한 의미에 해당하는 의문사, 주어 그리고 시제를 평서문의 형태로 연결하면 끝입니다!

Example

- **I don't remember anything.**
  아무것도 기억이 안 나.

- **I don't remember how I got home.**
  집에 어떻게 갔는지 기억이 안 나.

- **I don't remember when I got home.**
  집에 언제 갔는지 기억이 안 나.

- **I don't remember what happened.**
  무슨 일이 있었는지 기억이 안 나.

Snowball speaking training
눈덩이 굴리듯 문장 말하기 훈련

그림의 번호 순서대로 이미지를 연상해 보고 말하기 연습을 해보세요.

너 그녀가 사무실에서 언제 떠났는지 알아?

Do you know
너 알아?

Do you know when she left
너 그녀가 언제 떠났는지 알아?

Do you know when she left the office?
너 그녀가 사무실에서 언제 떠났는지 알아?

나 어젯밤에 어떻게 집에 갔는지 기억이 안 나.

I don't remember
나 기억이 안 나

I don't remember how I got home
나 어떻게 집에 갔는지 기억이 안 나

I don't remember how I got home last night.
나 어젯밤에 어떻게 집에 갔는지 기억이 안 나.

제가 왜 차를 안 가져왔는지 아세요?

Do you know
아세요?

Do you know why I didn't bring
제가 왜 안 가져왔는지 아세요?

Do you know why I didn't bring my car?
제가 왜 차를 안 가져왔는지 아세요?

Challenge yourself
스스로 말해보기

눈덩이 훈련과 끊어 읽기 연습을 하며, 영어 리듬감을 익혀보세요.

① 그녀가 어디에 있었는지 모르겠어.
I don't know / where she was.

② 내가 저녁으로 뭘 먹었는지 기억조차 안 나.
I don't *even remember / what I ate for dinner.

③ 우리 박스 몇 개 필요한지 알아?
Do you know / how many boxes we need?

④ 너 우리 차 어디다 세웠는지 기억나…?
Do you remember / where we parked our car?

⑤ 너 이거 누가 했는지 알아?
Do you know / who did this?

⑥ 몇 시인지 아세요?
Do you know / what time it is?

실전 감각 기르기

Dialogue 1

I was so drunk last night that I don't remember when and how I got home.
어젯밤에 너무 취해서 언제 어떻게 집에 갔는지 기억이 안 나.

Did you Uber home?
우버 탔어?

***No clue, I think I just passed out.**
전혀 모르겠어, 그냥 뻗은 거 같아.

Dialogue 2

Do you know who made this? It's so good!
이거 누가 만들었는지 알아? 진짜 맛있다!

That's Jake. He *spent all day cooking.
Jake가 만든 거야. 그는 하루 종일 요리하는 데 시간을 보냈어.

---

* **even** ~도/조차
* **No clue.** 전혀 모르겠다.
* **spend + 시간/돈/에너지 + Ving** ~하는 데에 시간/돈/에너지를 쓰다

Day 76

I don't know ~. / I was just wondering ~. 패턴에 명사 덩어리(if) 결합

> **I don't know if the movie is on Netflix.**
>
> 그 영화가 넷플릭스에 있나 모르겠네.

Learning point 핵심 포인트

계속해서 문장(주어+동사) 형태의 확장된 '명사 덩어리'에 대한 이야기를 하고 있죠. 무엇보다도 '동그라미(의문사/if/that) + 주어 + 동사'의 순서가 중요 포인트였습니다. 이번 day에서는 '동그라미' 자리에 'if(~인지 아닌지)'가 쓰이는 '명사 덩어리'가 문장 속에서 어떻게 사용이 되는지를 집중해서 알아보겠습니다. 마찬가지로 if와 함께 필요한 의미에 해당하는 주어 그리고 시제를 평서문의 형태로 연결해 주시면 됩니다.

Example

- **I don't know her number.**
  전 그녀의 번호를 몰라요.

- **I don't know if you like pasta.**
  당신이 파스타를 좋아하시는지 모르겠어요.

- **I don't know if the restaurant is open today.**
  그 식당이 오늘 열었나 모르겠어요.

- **I don't know if I can bring my friend.**
  제 친구를 데려가도 되는지 모르겠어요.

Snowball speaking training
눈덩이 굴리듯 문장 말하기 훈련

그림의 번호 순서대로 이미지를 연상해 보고 말하기 연습을 해보세요.

저는 시간을 변경할 수 있는지 궁금했어요.

I was just wondering
저는 궁금했어요

I was just wondering if we can change
저는 변경할 수 있는지 궁금했어요

I was just wondering if we can change the time.
저는 시간을 변경할 수 있는지 궁금했어요.

내가 충전기를 챙겼나 안 챙겼나 기억이 안 나.

I don't remember
나 기억이 안 나

I don't remember if I packed
내가 챙겼나 안 챙겼나 기억이 안 나

I don't remember if I packed my charger.
내가 충전기를 챙겼나 안 챙겼나 기억이 안 나.

그녀가 내일 파티에 오는지 안 오는지 너 알아?

Do you know
너 알아?

Do you know if she is coming
그녀가 오는지 안 오는지 너 알아?

Do you know if she is coming to the party tomorrow?
그녀가 내일 파티에 오는지 안 오는지 너 알아?

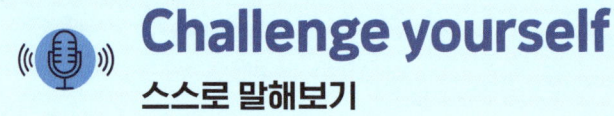
Challenge yourself
스스로 말해보기

눈덩이 훈련과 끊어 읽기 연습을 하며, 영어 리듬감을 익혀보세요.

❶ 우리가 할인을 받을 수 있는지 모르겠어.
   I don't know / if we can *get a discount.

❷ 제 이메일을 받으셨는지 궁금했어요.
   I was just wondering / if you received my email.

❸ 그녀가 내일 올 수 있는지 나도 몰라.
   I don't know / if she can come tomorrow.

❹ 거기가 아직도 열려 있는지 모르겠네요.
   I don't know / if they are still open.

❺ 너 괜찮은가 모르겠다.
   I don't know / if you're okay.

❻ 너 그녀가 내일 오는지 안 오는지 알아?
   Do you know / if she is coming tomorrow?

실전 감각 기르기

Dialogue 1

 I don't know **if you like pasta**... but pasta and garlic bread?
파스타를 좋아하실지 모르겠지만... 파스타랑 마늘빵?

 *You had me at "garlic bread."
"마늘빵"에서 이미 마음이 넘어갔어요.

Dialogue 2

 I was just wondering **if we can change the time** for the boat tour tomorrow.
내일 보트 투어 시간을 변경할 수 있을지 궁금해서요.

 Let me check, but it should be fine.
확인해 볼게요, 근데 아마 괜찮을 거예요.

* get a discount 할인을 받다
* You had me at ~ ~라는 말에서 이미 마음이 끌렸다

Day
77

다양한 문장 패턴에 명사 덩어리(wh-, if) 결합하여 말해보기 복습

> **Do you remember where we parked our car?**
> 너 우리 차 어디다 세웠는지 기억나?

Learning point 핵심 포인트

Day 74~76에 걸쳐서 계속 다뤘던 '문장' 형태의 확장된 '명사 덩어리'를 전문용어로는 '명사절' 혹은 '간접의문문'이라고 부르는데요. 쉽게 말해, '명사의 역할을 하는 절(주어와 동사를 갖춘 형태)', '간접적으로 생긴 의문문'이라는 의미죠. 이번 day에서는 이 명사 덩어리(동그라미 + 주어 + 동사)의 '동그라미' 자리에 '의문사' 혹은 'if(~인지 아닌지)'가 쓰이는 두 경우를 섞어두고 구분해서 말해보는 연습을 해보겠습니다.

Example

- **I don't remember when it was.**
  그게 언제였는지 기억이 안 나요.

- **Do you know why she left early?**
  그녀가 왜 일찍 떠났는지 알아?

- **Go ask her what she wants to eat.**
  가서 그녀에게 뭘 먹고 싶은지 물어봐.

- **I don't know if I can do it.**
  제가 할 수 있을지 모르겠어요.

Snowball speaking training
눈덩이 굴리듯 문장 말하기 훈련

그림의 번호 순서대로 이미지를 연상해 보고 말하기 연습을 해보세요.

나는 그가 몇 살인지 몰라.

I don't know
나는 몰라

I don't know how old
나는 몇 살인지 몰라

I don't know how old he is.
나는 그가 몇 살인지 몰라.

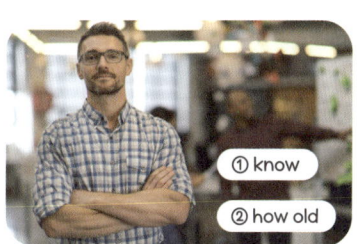

너 이 커피 누가 가져왔는지 알아?

Do you know
너 알아?

Do you know who brought
너 누가 가져왔는지 알아?

Do you know who brought this coffee?
너 이 커피 누가 가져왔는지 알아?

우리 젓가락 몇 개 필요한지 말해줄래?

Can you tell me
말해줄래?

Can you tell me how many chopsticks
젓가락 몇 개인지 말해줄래?

Can you tell me how many chopsticks we need?
우리 젓가락 몇 개 필요한지 말해줄래?

Challenge yourself
스스로 말해보기

눈덩이 훈련과 끊어 읽기 연습을 하며, 영어 리듬감을 익혀보세요.

① 그가 왜 화가 났는지 모르겠어요.
   I don't know / why he is upset.

② 너 괜찮은지 (아닌지) 나한테 그냥 말해줘.
   Just tell me / if you're okay.

③ 네가 우리를 도와줄 수 있을지 궁금했어.
   I was just wondering / if you could help us.

④ 아무도 그가 어제 왜 안 왔는지 몰라.
   Nobody knows / why he didn't come yesterday.

⑤ 제가 무언가 가져갈 필요가 있는지 궁금했어요.
   I was just wondering / if I need to bring anything.

⑥ 누가 내 옆에 앉았었는지 기억이 안 나.
   I don't remember / who was sitting next to me.

실전 감각 기르기

Dialogue 1

 I don't remember when it was, but I saw you at the mall *recently.
언제였는지 기억이 안 나는데, 최근에 너를 쇼핑몰에서 봤어.

 **Was it last weekend?
I went shopping with my mom last Saturday.**
지난 주말이었나? 토요일에 엄마랑 쇼핑하러 갔었거든.

Dialogue 2

 I was just wondering if I need to bring anything for the meeting tomorrow.
내일 회의에 제가 뭔가를 가져가야 하나 궁금해서요.

 Just bring your laptop.
그냥 노트북만 가져오면 돼.

 Got it!
네네!

---

* **recently** 최근에

Day 78

I thought ~. / I didn't know ~. 패턴에 명사 덩어리(that) 결합

I thought you didn't like spicy food.

난 네가 매운 음식을 안 좋아한다고 생각했어.

Learning point 핵심 포인트

스피킹에서 자주 쓸 수밖에 없는, '문장' 형태의 확장된 '명사 덩어리'에 대해 다뤄보고 있는데요. 이번 day에서는 '동그라미(의문사/if/that) + 주어 + 동사'의 '동그라미' 자리에 'that(~라는 것, ~라는 사실)'이 쓰이는 경우에 대해 집중적으로 알아보도록 하겠습니다. 참고로 이때 쓰이는 that은 생략 가능하다는 것도 참고해 두시고요. 이 경우도 마찬가지로 주어와 동사를 평서문의 형태로 연결해 주시면 되고, 필요에 따라 시제나 조동사를 바꾸고 추가하시면 됩니다.

Example

- **I thought (that) they were just friends.**
  난 그들이 그냥 친구라고 생각했어.

- **We thought (that) she was joking.**
  우리는 그녀가 농담하고 있다고 생각했어.

- **I didn't know (that) the answer was 32.**
  난 답이 32인 줄 몰랐어.

- **I thought (that) he would help us.**
  난 그가 우리를 도와줄 거라고 생각했어.

Snowball speaking training
눈덩이 굴리듯 문장 말하기 훈련

그림의 번호 순서대로 이미지를 연상해 보고 말하기 연습을 해보세요.

난 네가 매운 음식을 안 좋아한다고 생각했어.

I thought
나는 생각했어

I thought you didn't like
난 네가 안 좋아한다고 생각했어

I thought you didn't like spicy food.
난 네가 매운 음식을 안 좋아한다고 생각했어.

난 네가 여동생이 있는 줄 몰랐어.

I didn't know
난 몰랐어

I didn't know you had
난 네가 있는 줄 몰랐어

I didn't know you had a sister.
난 네가 여동생이 있는 줄 몰랐어.

우리는 처음에는 그녀가 농담을 한 거라고 생각했어.

We thought
우리는 생각했어

We thought she was joking
우리는 그녀가 농담을 한 거라고 생각했어

We thought she was joking *at first.
우리는 처음에는 그녀가 농담을 한 거라고 생각했어.

327

Challenge yourself
스스로 말해보기

눈덩이 훈련과 끊어 읽기 연습을 하며, 영어 리듬감을 익혀보세요.

❶ 난 네가 고양이 키운다는 걸 몰랐어.
I didn't know / (that) you had a cat.

❷ 난 이게 네 것인 줄 알았어.
I thought / (that) it was yours.

❸ 난 네가 그거에 대해서 안다고 생각했어.
I thought / (that) you knew about it.

❹ 나 어제가 그의 생일이었다는 걸 몰랐어.
I didn't know / (that) it was his birthday yesterday.

❺ 난 네가 뭔가를 말하고 싶어 한다고 생각했어.
I thought / (that) you wanted to say something.

❻ 나 네가 지난주에 아팠다는 걸 몰랐어.
I didn't know / (that) you were sick last week.

실전 감각 기르기

Dialogue 1

 I didn't know that she broke up with Chris.
그녀가 Chris랑 헤어졌다는 걸 몰랐어.

 Yeah, they've *been on and off for months, but I guess this time it's *for good.
응, 몇 달 동안 계속 만났다 헤어졌다 했는데, 이번에는 완전히 끝난 것 같아.

Dialogue 2

 Did you hear that Mia and Jake are dating now?
들었어? Mia랑 Jake가 이제 사귀고 있다는 거?

 Wait, what? I thought they were just friends.
잠깐만, 뭐라고? 나는 걔네들 그냥 친구인 줄 알았는데.

 I heard that they've been seeing each other for months.
걔네 몇 달째 만나고 있었대.

---

* **at first** 처음에는

* **be on and off** 헤어졌다가 다시 만났다를 반복하다

* **for good** 완전히, 영영, 영원히

Day
79

'This is how / why / when 주어+동사' 구조로 영어식 사고 기르기

This is why we are friends.

이래서 우리가 친구인 거야.

 **Learning point** 핵심 포인트

'저희는 크리스마스를 이렇게 보내요.'를 영어로 한다면? 보통 'We celebrate Christmas like this.'라고 하시는 분들이 꽤 많은데요. 한국어를 그대로 직역하게 되면 이 같은 문장이 나오죠. 이때 '영어식 사고'가 필요한데요. 내가 말하고자 하는 것은 '봐봐, 이거야. 이렇게 트리도 세워두고, 초도 켜고, 가족들이랑 맛있는 음식도 먹고… 이거야 이거!'라는 말이므로 영어는 'This is ~ (이거야)'를 앞세워 'This is how we celebrate Christmas.'라고 말합니다. 같은 방식으로 This is when/why/where/what S+V 등으로도 사용할 수 있습니다.

Example

- **This is how** we saved money.
  이게 우리가 돈을 모았던 방법이야.

- **This is when** I decided to learn English.
  그때 영어를 배우기로 결심했죠.

- **That is why** it's important.
  그렇기 때문에 중요합니다.

Snowball speaking training
눈덩이 굴리듯 문장 말하기 훈련

그림의 번호 순서대로 이미지를 연상해 보고 말하기 연습을 해보세요.

이렇게 해서 제 아내를 만난 거예요.

This is
이게

This is how I met
이게 제가 어떻게 만났는 지예요

This is how I met my wife.
이게 제가 어떻게 제 아내를 만났는 지예요(이렇게 해서 제 아내를 만난 거예요).

그때 담배를 끊기로 결심했죠.

That is
그때가

That is when I decided
그때가 제가 결심한 때예요

That is when I decided to quit smoking.
그때가 제가 담배를 끊기로 결심한 때예요(그때 담배를 끊기로 결심했죠).

이래서 제가 이 일을 선택한 거예요.

This is
이래서

This is why I chose
이래서 제가 선택한 거예요

This is why I chose this job.
이래서 제가 이 일을 선택한 거예요.

331

Challenge yourself
스스로 말해보기

눈덩이 훈련과 끊어 읽기 연습을 하며, 영어 리듬감을 익혀보세요.

❶ 이래서 제가 공부를 열심히 하는 거예요.
   This is / why I study hard.

❷ 여기가 저희들이 일하는 곳입니다.
   This is / where we work.

❸ 저는 하루를 이렇게 시작해요.
   This is / how I start my day.

❹ 제가 이래서 이 학교를 선택한 거예요.
   This is / why I chose this school.

❺ 이래서 내가 운동을 매일 하는 거야.
   This is / why I work out / every day.

❻ 저는 인터뷰를 이렇게 준비했어요.
   This is / how I prepared / for the interview.

실전 감각 기르기

Dialogue 1

I practiced every day and learned from mistakes. That is how I started my career.
매일 연습하고 실수하면서 배웠어요. 그렇게 해서 제 커리어를 시작하게 됐죠.

Ah, you *started from scratch!
아, 정말 맨땅에서부터 시작했구나!

Exactly!
맞아요!

Dialogue 2

How did you make the first video?
첫 번째 영상을 어떻게 만들었어?

This is how it started—I just picked up my camera and started recording.
이게 바로 시작이었어—그냥 카메라를 들고 촬영을 시작했지.

---

* **start from scratch** 처음부터 시작하다

Day 80

the other, another

> **The white one is better than the other (one).**
>
> 그 하얀 게 나머지 저거보다 더 낫다.

Learning point 핵심 포인트

the other은 the + other로써, 어떤 하나가 있고(one), '나머지 다른 하나'을 말할 때 사용하는데요. 맞은 편, 상대팀, 반대쪽 손 등과 같은 것을 말할 때 쓰이죠. 이때 이 '다른(other)'은 내가 뭔지 아는 그 나머지 다른 것'이라 특정한 것을 지칭할 때 사용하는 the를 사용합니다. another은 an + other의 개념인데요. 어떤 하나가 있고(one), '남아있는 여러 개 중에 아무거나 하나'를 말할 때 사용합니다. 이땐, 그 하나가 어떤 것이 될지 모르기에 불특정한 것 '하나'를 지칭할 때 사용하는 a(n)를 사용하는 것이랍니다. 그리고 이 경우엔 another 뒤에 '단수' 명사가 오는 게 당연하겠죠?

Example

| one (하나) | the other (나머지 하나) |

| one (하나) | another (남아있는 것 중에 아무거나) 다른 하나 |

the other person 상대방
the other team 상대팀
the other side 맞은 편

another color 다른 색깔
another fork 다른 포크
another example 다른 예

Snowball speaking training
눈덩이 굴리듯 문장 말하기 훈련

그림의 번호 순서대로 이미지를 연상해 보고 말하기 연습을 해보세요.

이거 다른 사이즈로 있어요?

Do you guys have
있어요?

Do you guys have this
이거 있어요?

Do you guys have this in another size?
이거 다른 사이즈로 있어요?

그 하얀 게 나머지 저거보다 더 낫다.

The white one is better
그 하얀 게 더 낫다

The white one is better than
그 하얀 게 ~보다 더 낫다

The white one is better than the other (one).
그 하얀 게 나머지 저거보다 더 낫다.

피자 한 조각 더 주문해도 될까요?

Can I get
주문해도 될까요?

Can I get another slice
한 조각 더 주문해도 될까요?

Can I get another slice of pizza?
피자 한 조각 더 주문해도 될까요?

335

Challenge yourself
스스로 말해보기

눈덩이 훈련과 끊어 읽기 연습을 하며, 영어 리듬감을 익혀보세요.

❶ 제가 제 포크를 떨어뜨렸는데, 하나 더 가져다주시겠어요?
I dropped my fork. / Can you bring me / another one?

❷ 이거 다른 컬러로 있어요?
Do you guys have this / in another color?

❸ 너는 상대방이 뭐라고 하는지에 집중할 필요가 있어.
You need to *focus on / what the other person is saying.

❹ 제 생각엔 저희 미팅이 또 필요할 것 같아요.
I think / we need another meeting.

❺ 저 맥주 한 병 더 주시겠어요?
Can I get / another bottle of beer?

❻ 난 폰 충전기가 두 개 있는데, 하나는 침대 옆에 두고 하나는 내 차에 둬.
I have two cell phone chargers. / I keep one / next to my bed / and the other / in my car.

336

실전 감각 기르기

Dialogue 1

A girl on the other team called me 'a Karen'.
상대팀의 어떤 여자애가 나를 진상이라고 불렀어.

Why?
왜?

Because I was screaming...
내가 소리 지르고 있었거든...

Dialogue 2

**I love this dress.
Do you guys have this in another color?**
이 드레스 너무 마음에 드는데, 다른 색상으로도 있나요?

Yes, we do! It *comes in brown and gray, too!
네, 있습니다! 갈색이랑 회색도 있어요!

* **focus on** ~에 집중하다
* **come in** (상품 등이) 들어오다

Day

81

used to (~하곤 했었어)

I used to be very shy.

저 예전에는 수줍음 엄청 많이 탔었어요.

Learning point 핵심 포인트

'used to + 동사원형'은 '예전에는 했었어, 하곤 했었지'라는 의미로, 과거의 습관이나 반복적으로 했던 일을 말할 때 사용하는 표현입니다. 여기엔 '현재는 하지 않는다'의 의미가 내포되어 있죠. 단순 과거시제는 특정 시점이나 한 번 일어난 일을 말할 때 사용하는 것에 반해 used to는 예전에 반복적으로 하던 행동을 말한다는 데서 그 차이가 있습니다. 그리고 과거에 하지 않았던 일을 이야기할 때는 didn't use to V(동사원형)의 형태를 사용하시면 됩니다.

Example

- I **used to** play soccer every weekend.
  나 주말마다 축구를 하곤 했어.

- He **used to** live in the States.
  그는 예전에 미국에서 살았어.

- It **used to** be a shopping mall.
  그거 원래 쇼핑몰이었어요.

- I **didn't use to** watch TV.
  저는 예전에 TV를 보지 않았어요.

Snowball speaking training
눈덩이 굴리듯 문장 말하기 훈련

그림의 번호 순서대로 이미지를 연상해 보고 말하기 연습을 해보세요.

저는 어렸을 때 만화책 자주 읽었었어요.

I used to read
저는 읽었었어요

I used to read comic books
저는 만화책을 읽었었어요

I used to read comic books when I was younger.
저는 어렸을 때 만화책 자주 읽었었어요.

우리 예전에 할머니, 할아버지 댁에 매달 방문했었는데.

We used to visit
우리 예전에 방문했었는데

We used to visit our grandparents
우리 예전에 할머니, 할아버지 댁에 방문했었는데

We used to visit our grandparents every month.
우리 예전에 할머니, 할아버지 댁에 매달 방문했었는데.

어렸을 땐 애착인형이랑 같이 자고 그랬었는데.

I used to sleep
잠을 자곤 했어

I used to sleep with a *stuffed animal
애착인형이랑 자고 그랬어

I used to sleep with a stuffed animal when I was a kid.
어렸을 땐 애착인형이랑 같이 자고 그랬었는데.

Challenge yourself
스스로 말해보기

눈덩이 훈련과 끊어 읽기 연습을 하며, 영어 리듬감을 익혀보세요.

❶ 예전에는 아빠랑 한 달에 한 번씩 낚시 갔었는데.
   I **used to** go fishing / with my dad / once a month.

❷ 그들은 예전에 부산 살았어.
   They **used to** live / in Busan.

❸ 우리는 일요일 아침마다 만화영화를 보곤 했었어.
   We **used to** watch / *Sunday morning cartoons.

❹ 나 예전에는 야채 안 좋아했었어.
   I **didn't use to** like / vegetables.

❺ 그거 500원이었을 때도 있었는데...
   It **used to** be / 500 won.

❻ 그는 (예전에) 축구선수였어.
   He **used to** be / a soccer player.

실전 감각 기르기

Dialogue 1

 It used to be a school.
여기 예전에는 학교였어.

 Wait, really? It doesn't look like one at all!
진짜? 전혀 학교 같지 않아 보이는데!

Dialogue 2

 I used to drink a lot of coffee when I was working at the office. But now I try to avoid it, actually.
난 예전에 사무실에서 일할 때는 커피를 많이 마셨었어.
그런데 지금은 사실 피하려고 해.

 Wow, I can't imagine a day without coffee.
와, 커피 없는 하루는 상상을 할 수가 없는데...

---

* **stuffed animal** 애착인형
* **Sunday morning cartoons** 일요일 아침에 방영했던 만화영화

Day 82

지각동사

I've never seen him cry like this.

난 그가 이렇게 우는 걸 본 적이 없어.

Learning point 핵심 포인트

'지각동사'는 see, hear, watch, feel, notice 등과 같이 어떤 사람이나 물건을 보고, 듣고, 느끼는 것을 표현하는 동사입니다. 이 동사들은 주로 '(누가) (~하는 것을) 보다/듣다'의 형태로 쓰게 되는데요. 예를 들어, '난 그가 춤추는 걸 봤어.'는 'I saw him dance.'로 표현합니다. 여기서 두 행동 간의 시간 차 없이, "동시에" 일어나는 상황이기 때문에 두 동사 사이에 시간의 간격을 보여주는 to를 쓰지 않고, '원형'을 사용합니다. 만약 그 일이 일어나던 그 '순간'을 강조하고 싶다면 원형 대신 진행형(Ving)의 형태도 사용 가능합니다!

Example

난 그가 코딱지 파는 걸 봤어.

I saw (누가) (~하는 것을)
I saw him pick his nose.

see ➡ ~~to~~ pick his nose

- I've never seen her cry like that. 난 그녀가 그렇게 우는 걸 본 적이 없어.
- I saw a couple arguing on the street. 난 어떤 한 커플이 길에서 다투는 걸 봤어.

Snowball speaking training
눈덩이 굴리듯 문장 말하기 훈련

그림의 번호 순서대로 이미지를 연상해 보고 말하기 연습을 해보세요.

난 그녀가 신문 읽는 걸 쳐다봤어.

I watched her
난 그녀를 쳐다봤어

I watched her read
난 그녀가 읽는 걸 쳐다봤어

I watched her read the newspaper.
난 그녀가 신문 읽는 걸 쳐다봤어.

밖에서 누구 다투는 소리 들었어?

Did you hear someone
누구 소리 들었어?

Did you hear someone arguing
누구 다투는 소리 들었어?

Did you hear someone arguing outside?
밖에서 누구 다투는 소리 들었어?

난 그가 이렇게 우는 걸 본 적이 없어.

I've never seen him
난 그를 본 적이 없어

I've never seen him cry
난 그가 우는 걸 본 적이 없어

I've never seen him cry like this.
난 그가 이렇게 우는 걸 본 적이 없어.

Challenge yourself
스스로 말해보기

눈덩이 훈련과 끊어 읽기 연습을 하며, 영어 리듬감을 익혀보세요.

1 난 전화가 울리는 걸 들었는데 받지는 않았어.
I heard the phone ringing, / **but didn't answer it.**

2 나 누가 내 이름 부르는 걸 들었어.
I heard someone / calling my name.

3 너 그가 기타 치는 거 본 적 있어?
Have you ever seen him / play the guitar?

4 너 어제 파티에서 그가 춤추는 거 봤어?
Did you see him dance / at the party / yesterday?

5 난 그녀가 우는 걸 본 적이 없어.
I've never seen her cry.

6 아무도 그가 파티에서 떠나는 걸 보지 못했다.
Nobody saw him / leave the party.

실전 감각 기르기

Dialogue 1

 Where is Jake?
Jake 어딨어?

 I don't know. Nobody saw him leave the party.
몰라. 아무도 그가 파티에서 떠나는 걸 못 봤어.

 Then, is he still (in) there?
그럼 아직 거기 있나?

Dialogue 2

 I saw her crying earlier.
아까 그녀가 우는 걸 봤어.

 **Really? I've never seen her cry.
I think she's *going through a lot.**
진짜? 나는 그녀가 우는 걸 본 적 없어. 뭔가 많이 힘든 일을 겪고 있는 것 같아.

* **go through** ~을 거치다, 겪다

Day 83
수동태 1

The WiFi password is written on the wall.

와이파이 비밀번호 벽에 써 있어.

Learning point 핵심 포인트

영어는 "**누가 무엇**을 하는지"가 중요한 경우엔 '능동태', "**무엇**이 어떻게 되는지"에 더 초점을 맞추고 싶다면 '수동태'를 사용합니다. 수동태의 형태는 'be + p.p.'인데요. 사실 여기서 '수동'의 의미를 담당하는 건 '~된(상태)'의 의미를 가진 'p.p.' 뿐입니다. 그런데 be동사를 함께 쓰는 이유는 'p.p.(~된)' 자체는 동사가 아니기 때문이에요. 즉, '문장'이 되려면 '동사'가 필요하기에 be동사를 함께 쓰는 거죠. 너무 '수동태'라는 용어 속에 표현을 가두기 보단 '주어가 ~된 상태'를 표현하는 일종의 '형용사'같은 느낌으로 바라보는 것도 도움이 되실 거예요!

Example

- The coffee is *brewed fresh every morning.
  커피는 매일 아침 신선하게 만들어져요.

- The computers are updated regularly.
  컴퓨터는 규칙적으로 업데이트 됩니다.

- The WiFi password is written on the wall.
  와이파이 비밀번호는 벽에 써 있어.

Snowball speaking training
눈덩이 굴리듯 문장 말하기 훈련

그림의 번호 순서대로 이미지를 연상해 보고 말하기 연습을 해보세요.

[능동] 사람들이 이 단어를 많이 사용해요.

People use
사람들이 사용해요

People use this word
사람들이 이 단어를 사용해요

People use this word a lot.
사람들이 이 단어를 많이 사용해요.

[수동] 이 단어는 많이 사용돼요.

This word
이 단어

This word is used
이 단어는 사용돼요

This word is used a lot.
이 단어는 많이 사용돼요.

∴ 주어와의 관계가 수동이라면 처음부터 키워드를 'p.p.' 형태로 떠올려보기

[수동] 이 단어는 많이 사용 안 돼요.

This word
이 단어

This word is not used
이 단어는 사용 안 돼요

This word is not used a lot.
이 단어는 많이 사용 안 돼요.

347

Challenge yourself
스스로 말해보기

눈덩이 훈련과 끊어 읽기 연습을 하며, 영어 리듬감을 익혀보세요.

① 우리 비행기 30분 지연됐어. (Our flight, delayed)
Our flight is delayed / by 30 minutes.

② 와이파이 비밀번호 영수증에 프린트 되어있어요. (The WiFi password, printed)
The WiFi password is printed / on the receipt.

③ 걔... 임자 있어. (He/She, taken)
He(She) is taken.

④ 이 영상은 시원스쿨에서 광고 받지 않았어요. (This video, sponsored)
This video is not sponsored / by Siwonschool.

⑤ 난 그 파티에 초대받지 않았어요. (I, invited)
I am not invited / to the party.

⑥ 저희 제품은 다양한 국가로 수출이 됩니다. (Our product, exported)
Our products are *exported / to many different countries.

실전 감각 기르기

Dialogue 1

 Where can I find the WiFi password?
WiFi 비밀번호는 어디에 있나요?

 It's printed on the receipt.
영수증에 적혀 있어요.

Dialogue 2

 Today we're unboxing something really cool!
오늘은 정말 멋진 걸 언박싱 할 건데요!

I've been waiting to open this for days!
이거 열어보는 걸 며칠을 기다렸어요!

By the way, this video is not sponsored by anyone, any brand.
참고로, 이 영상은 아무에게도, 어떤 브랜드의 협찬도 받지 않았습니다.

---

* **brew** (커피를) 끓이다, 만들다
* **export** 수출하다

Day

84

수동태 2

What is it called in English?

그거 영어로 뭐라고 불려요(해요)?

 **Learning point** 핵심 포인트

"누가 무엇을 하는지"보다 "무엇이 어떻게 되는지"에 더 초점을 맞춰 말하는 방식이 수동태였죠? 항상 기준은 주어입니다. 주어를 먼저 잡은 후, 그 주어를 기준으로 능동/수동이 결정되는 거죠. 예를 들어, 내가 부르는 거면 'I call ~.' 그것이 불리는 거면 'It **is called** ~.'와 같은 방식이 되는 거죠. 그리고 의문문의 경우는 '**Is** it **called** ~?' 의문사가 필요하다면 'What **is** it **called** ~?'의 형태가 됩니다. 팁을 드리자면, 수동태를 말할 때, '주어(it)'와 '해당 p.p. 키워드(called)', 이렇게 두 키워드를 떠올려 두고 말하면 긍정문, 부정문, 의문문과 관계없이 훨씬 더 빠르게 문장이 뱉어지실 거예요.

Example

- **Are** you **invited** to the party?
  너 그 파티에 초대받았어?

- I'm **not invited**.
  나 초대 안 받았어.

- What **is** it **called** in Korean?
  그거 한국어로 뭐라고 불려요?

Snowball speaking training
눈덩이 굴리듯 문장 말하기 훈련

그림의 번호 순서대로 이미지를 연상해 보고 말하기 연습을 해보세요.

그거를 영어로 뭐라고 해?

What is it
그거 뭐야?

What is it called
그거를 뭐라고 해?

What is it called in English?
그거를 영어로 뭐라고 해?

우린 그걸 그냥 '한국 멜론'이라고 불러.

We just call
우린 그냥 불러

We just call it
우린 그걸 그냥 불러

We just call it 'Korean Melon'.
우린 그걸 그냥 '한국 멜론'이라고 불러.

그건 한국어로 '참외'라고 불려(해).

It's called
그건 불려(해)

It's called '참외'
그건 '참외'라고 불려(해)

It's called '참외' in Korean.
그건 한국어로 '참외'라고 불려(해).

Challenge yourself
스스로 말해보기

눈덩이 훈련과 끊어 읽기 연습을 하며, 영어 리듬감을 익혀보세요.

❶ 여기 자리 있어요? (this seat, taken)
Is this seat / taken?

❷ 이 단어들 안 쓰여. (These words, used)
These words are not / used.

❸ 배송비가 가격에 포함되어 있나요? (shipping, included)
Is shipping included / in the price?

❹ 조식이 룸 가격에 포함되어 있나요? (breakfast, included)
Is breakfast included / in the room price?

❺ 그거 영어로 쓰여 있어? (it, written)
Is it written / in English?

❻ 그 행사 취소된 거야? (the event, cancelled)
Is the event / cancelled?

실전 감각 기르기

Dialogue 1

 Is this seat **taken**?
여기 자리 있나요?

 No, you can sit here.
아니요, 여기 앉으시면 돼요.

 Thanks!
감사합니다!

Dialogue 2

 I found this camera *on sale. It looks great!
이 카메라 세일 중인 걸 발견했어. 멋져 보여!

 Did you check if shipping **is included** in the price?
배송비가 가격에 포함되어 있는지 확인해 봤어?

* **on sale** 세일 중인

Day 85

수동태 3

My car was towed yesterday.

내 차 어제 견인됐었어.

Learning point 핵심 포인트

수동태의 기본 형태 'be + p.p.'에서 '수동'의 의미를 담당하는 건 'p.p.(~된)', 그런데 'p.p.(~된)' 자체는 동사가 아니기 때문에 be동사를 함께 쓰는 것이었죠. 그런데 여기 이 be동사는 굉장히 중요한 역할을 맡고 있습니다. 바로 '시제'와 '뉘앙스'! 영어에서 시제 표현은 '동사'가 맡는다고 했었죠? 그래서 '수동의 개념'은 p.p.가, '문장의 시제'는 be동사가 담당하게 됩니다. be동사를 해당 시제에 맞는 형태로 바꿔줌으로써 시제를 표현해 주고요. 더불어 can, will, should 등의 조동사를 추가해 '뉘앙스'를 표현해 줄 수도 있습니다.

Example

- **The video has been uploaded.**
  그 영상은 업로드되었어요.

- **The video could be uploaded tonight.**
  그 영상은 오늘 밤에 업로드될 수 있어요.

- **The results will be shared tomorrow.**
  결과는 내일 공유될 거예요.

Snowball speaking training
눈덩이 굴리듯 문장 말하기 훈련

그림의 번호 순서대로 이미지를 연상해 보고 말하기 연습을 해보세요.

내 차 어제 견인됐었어.

My car
내 차

My car was *towed
내 차 견인됐었어

My car was towed yesterday.
내 차 어제 견인됐었어.

메시지가 다른 사람에게 보내졌어.

The message
메시지

The message was sent
메시지가 보내졌어

The message was sent to the wrong person.
메시지가 다른 사람에게 보내졌어.

이 크림은 모든 피부 타입에 사용 가능합니다.

This cream is used
이 크림은 사용됩니다

This cream can be used
이 크림은 사용 가능합니다

This cream can be used for all skin types.
이 크림은 모든 피부 타입에 사용 가능합니다.

355

Challenge yourself
스스로 말해보기

눈덩이 훈련과 끊어 읽기 연습을 하며, 영어 리듬감을 익혀보세요.

❶ 이 건물은 18세기에 지어졌어. (This building, built)
This building was built / in the 18th century.

❷ 그 웹사이트는 얼른 업데이트가 돼야 해요. (The website, updated)
The website should be updated / soon.

❸ 비밀번호가 변경되었습니다. (Your password, changed)
Your password / **has been changed**.

❹ 이 차는 1920년대에 독일에서 만들어졌어요. (This car, made)
This car was made / in Germany / in the 1920s.

❺ 소포 오늘 아침에 배달됐어. (The package, delivered)
The package was delivered / this morning.

❻ 난 그 결혼식에 초대를 안 받았었어. (I, invited)
I was not invited / to the wedding.

실전 감각 기르기

Dialogue 1

I'm not sure if this cream will work for me.
이 크림이 나한테 맞을지 잘 모르겠다.

It can be used for all skin types. And it's super light!
그거 모든 피부 타입에 사용될 수 있어. 엄청 가벼운 편이고!

Dialogue 2

My car was towed yesterday.
내 차 어제 견인됐어.

***Yikes! *That sucks! Did you park in a no-parking zone?**
으악, 정말 최악이다. 주차 금지 구역에 주차한 거야?

Yeah, I thought It was fine, but the sign was hidden behind a tree.
응, 괜찮은 줄 알았는데, 알고 보니 표지가 나무 뒤에 숨겨져 있더라고.

* **tow** 견인하다
* **Yikes** 이런, 어머나
* **That sucks!** 그거 별로다, 안 됐다!

Day

86

get+목적어+p.p. 구조 익히기

I get my roots touched (up) almost every 2 months.

나는 뿌리 염색을 거의 2달에 한 번씩 해.

Learning point 핵심 포인트

'나 머리 잘랐어.'를 영어로 'I cut my hair.'라고 하셨다면 영어식 사고가 필요한 때입니다! 'I cut my hair.'라고 하게 되면 '네가 직접?'이라는 말을 듣게 될지도 모릅니다. 엄밀히 말하면, 내가 한 행동은 '자른 것(cut)'이 아니라 '그렇게 되게끔 한 것(get)'이죠. 이때 '이동/변화'의 의미가 있는 동사 get을 사용해 '나는 내 머리가 잘린 상태로 변화되게끔 했다.'의 의미로 'I got my hair cut.' 이라고 표현합니다. 여기에서의 cut은 '잘린'의 의미가 되어야 해서 앞서 배웠던 수동의 개념인 p.p.를 사용한 것입니다. 이 구조는 '내가 직접 하지 않고 돈 주고 맡기는 일들에 주로 사용되겠구나.'라는 생각이 드시죠?

Example

- **She got her car washed 2 days ago.**
  그녀는 이틀 전에 차를 세차했어.

- **I think I should get my hair *trimmed.**
  머리 좀 다듬어야겠어.

- **How often do you get your teeth scaled?**
  얼마나 자주 스케일링을 받아요?

358

Snowball speaking training
눈덩이 굴리듯 문장 말하기 훈련

그림의 번호 순서대로 이미지를 연상해 보고 말하기 연습을 해보세요.

나 어제 이 뽑았어.

I got my tooth
나 이 뽑았어

I got my tooth pulled
나 이 뽑았어

I got my tooth pulled yesterday.
나 어제 이 뽑았어.

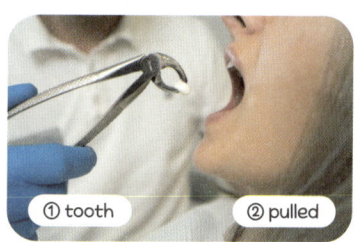

나는 뿌리 염색을 거의 2달에 한 번씩 해.

I get
나는 받아

I get my roots *touched (up)
나는 뿌리 염색을 해

I get my roots touched (up) almost every 2 months.
나는 뿌리 염색을 거의 2달에 한 번씩 해.

차 점검은 얼마나 자주 받으세요?

How often
얼마나 자주

How often do you get your car
차를 얼마나 자주 받아요?

How often do you get your car serviced?
차 점검은 얼마나 자주 받으세요?

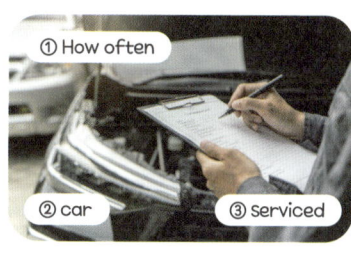

Challenge yourself
스스로 말해보기

눈덩이 훈련과 끊어 읽기 연습을 하며, 영어 리듬감을 익혀보세요.

❶ 나 몇 주 전에 파마했어.
I got my hair permed / a couple of weeks ago.

❷ 나는 뿌리 염색을 한 달에 한 번씩 해.
I get my roots touched (up) / once a month.

❸ 스케일링을 받아야 하려나?
Should I get my teeth / scaled?

❹ 나 여권 갱신해야 돼.
I have to get my passport / renewed.

❺ 세차 얼마나 자주 해?
How often do you get your car / washed?

❻ 너 네일 받았구나!
You got your nails done!

실전 감각 기르기

Dialogue 1

Your hair is growing so fast!
야, 넌 머리가 정말 빨리 자란다!

I know, right? I think I should get my hair trimmed this weekend.
아니, 그니까. 이번 주말에 머리 좀 다듬어야겠어.

Dialogue 2

Ice pack?
웬 아이스팩?

I got my tooth pulled yesterday. My mouth is still a little *numb.
어제 이를 뽑았거든. 아직 입이 조금 얼얼하네(마비돼 있어).

Ouch! Soft foods for now, right?
아야! 지금은 부드러운 음식만 먹어야겠네, 맞지?

---

* **trim** 다듬다
* **touch up** (더 좋게 하기 위해 약간) ~을 고치다, 손보다
* **numb** 감각이 없는

Day
87
비교급

Do you guys have this in a bigger size?

이거 더 큰 사이즈로 있어요?

Learning point 핵심 포인트

비교급은 '더 ~한' 혹은 '덜 ~한'이라는 뜻으로, 무언가를 비교할 때 사용합니다. 주로 형용사나 부사 뒤에 '-er'을 붙이거나(taller, faster), 2음절 이상의 단어라면 단어 앞에 more 또는 less를 붙여(more beautiful, less important) 비교급의 형태를 만들게 됩니다. 다만, 몇 가지 형용사나 부사는 규칙을 따르지 않고 다르게 변형(good-better, bad-worse)되며, 비교의 대상을 나타내고자 한다면 뒤에 'than + 비교 대상'을 붙여주면 됩니다. 비교급 문장을 만들 땐 복잡하게 생각하기보단, 기본 뼈대(원급의 문장)에서 나머지 부분은 가만히 두고 '비교급이 되어야 할 딱 그 부분만 건드리기!'를 기억하세요.

Example

- **The situation is more serious than I thought.**
  상황이 내가 생각했던 것보다 더 심각해.

- **You look better *in person.**
  실물이 더 나으시네요.

- **We need a bigger house.**
  우린 더 큰 집이 필요해.

Snowball speaking training
눈덩이 굴리듯 문장 말하기 훈련

그림의 번호 순서대로 이미지를 연상해 보고 말하기 연습을 해보세요.

이거 더 큰 사이즈로 있어요?

Do you guys have
있어요?

Do you guys have this
이거 있어요?

Do you guys have this in a bigger size?
이거 더 큰 사이즈로 있어요?

오늘 아침에 난 평소보다 더 일찍 집에서 나왔어.

This morning, I left home
오늘 아침에 난 집에서 나왔어

This morning, I left home earlier
오늘 아침에 난 더 일찍 집에서 나왔어

This morning, I left home earlier *than usual.
오늘 아침에 난 평소보다 더 일찍 집에서 나왔어.

저희 남편은 저보다 두 살 연상이에요.

My husband is older
저희 남편은 연상이에요

My husband is older than me
저희 남편은 저보다 연상이에요

My husband is two years older than me.
저희 남편은 저보다 두 살 연상이에요.

Challenge yourself
스스로 말해보기

눈덩이 훈련과 끊어 읽기 연습을 하며, 영어 리듬감을 익혀보세요.

① 이게 저 쿠키들 보다 더 맛있어 보인다.
   It looks more delicious / than those cookies.

② 우리가 예상했던 것보다 더 오래 걸렸어.
   It took longer / than we expected.

③ 점점 더 추워지네.
   It's getting colder.

④ 낮이 점점 더 짧아지고 있어.
   The days are getting shorter.

⑤ 상황이 제가 생각했던 것보다 더 안 좋네요.
   The situation is worse / than I thought.

⑥ 어제보다 더 따뜻하네.
   It's warmer / than yesterday.

실전 감각 기르기

Dialogue 1

I heard that you were sick. Did you sleep well last night?
너 아픈 거 들었는데. 어젯밤에 잘 잤어?

Yes, I'm feeling better than yesterday. Thanks for asking!
응, 어제보다 나아졌어. 물어봐 줘서 고마워!

Dialogue 2

Editing always takes forever, doesn't it?
편집은 항상 시간이 엄청 오래 걸리지?

Yeah... it took longer than I expected, but I'm almost done.
응... 예상보다 시간이 더 걸렸어, 근데 거의 다 끝났어.

---

* **in person** 직접
* **than usual** 평소보다

Day 88

최상급

This is the best pizza I've ever had!

이 피자 내가 여태껏 먹어본 것 중에 제일 맛있어!

Learning point 핵심 포인트

최상급은 세 개 이상의 대상 중에서 '최고의, 가장 ~한'을 표현할 때 사용합니다. 보통 형용사나 부사의 끝에 '-est'를 붙여(tallest, fastest) 만들고, 2음절 이상의 형용사나 부사에는 most나 least를 앞에 붙여(most beautiful, least important) 만들게 됩니다. 최상급에서도 불규칙하게 변형되는 단어(good-best, bad-worst)들도 있으니 기억해 두세요. 그리고 최상급은 비교급과 달리 보통 앞에 the를 붙이는데요. the를 사용하여 여러 대상 중에서 가장 뛰어난 것을 콕 짚어 이야기하는 것이죠. 이번 day에서는 최상급을 활용한 표현 한 가지를 집중적으로 다뤄보겠습니다.

Example

- **This is the best sushi (I've ever had)!**
  이 스시 내가 여태껏 먹어본 것 중에 최고야!

- **This was the worst show (I've ever seen).**
  이건 내가 여태까지 본 것 중에서 최악의 쇼였어.

- **Rome is the most beautiful city (I've ever been to).**
  로마는 내가 가본 곳 중 최고로 아름다운 도시예요.

Snowball speaking training
눈덩이 굴리듯 문장 말하기 훈련

그림의 번호 순서대로 이미지를 연상해 보고 말하기 연습을 해보세요.

이 피자 내가 여태껏 먹어본 것 중에 제일 맛있어!

This is the best
이게 제일 맛있어

This is the best pizza
이 피자 제일 맛있어

This is the best pizza I've ever had!
이 피자 내가 여태껏 먹어본 것 중에 제일 맛있어!

프라하는 내가 가본 곳 중 최고로 아름다운 도시예요.

Prague is the most beautiful
프라하는 최고로 아름다워요

Prague is the most beautiful city
프라하는 최고로 아름다운 도시예요

Prague is the most beautiful city I've ever been to.
프라하는 내가 가본 곳 중 최고로 아름다운 도시예요.

그 사람은 제가 만나본 제일 웃긴 사람이에요.

He is the funniest
그는 제일 웃겨요

He is the funniest person
그는 제일 웃긴 사람이에요

He is the funniest person I've ever met.
그 사람은 제가 만나본 제일 웃긴 사람이에요.

Challenge yourself
스스로 말해보기

눈덩이 훈련과 끊어 읽기 연습을 하며, 영어 리듬감을 익혀보세요.

❶ 이 버거는 내가 여태껏 먹어본 것 중에 최고야.
  This is **the best** burger / I've ever had.

❷ 그건 내가 여태까지 본 것 중에서 최악의 영화였어.
  It was **the worst** movie / that I've ever seen.

❸ 여긴 제가 가본 곳 중 최고로 멋진 곳이에요.
  This is **the coolest** place / I've ever been to.

❹ 그건 내가 한 실수 중에 제일 큰 실수였어요.
  It was **the biggest** mistake / I've ever *made.

❺ 그녀는 제가 봤던 여배우 중에 제일 아름다워요.
  She is **the most beautiful** actress / I've ever seen.

❻ 그것은 내가 지금까지 한 최고의 결정이었어.
  It was **the best** decision / I've ever *made.

실전 감각 기르기

Dialogue 1

 How was the sushi?
초밥 어땠어?

 **This is the best sushi I've ever had.
Seriously, I think I should move here for it.**
이건 내가 먹어본 것 중 최고의 초밥이야. 진심으로 여기로 이사 와야 할 것 같아.

Dialogue 2

 Have you been to Kyoto?
교토 가봤어?

 **Yes, I've been there once.
It's the most beautiful city I've ever been to.**
응, 한 번 가봤어. (거긴) 내가 가본 곳 중 가장 아름다운 도시야.

 I've heard Kyoto is *stunning in fall.
교토는 가을에 정말 멋지다고 들었어.

* **make a mistake** 실수하다
* **make a decision** 결정하다
* **stunning** 굉장히 아름다운, 멋진

Day

89

should have p.p. (~했어야 했어)

You should've seen him dance.

너 그가 춤추는 걸 봤었어야 되는데.

Learning point 핵심 포인트

'should + 동사원형'은 **현재**나 **미래**에 '~해야 한다'의 의미라면, 이번 day에서 다룰 'should have + p.p.'는 **과거**에 '~했어야 했다'를 말하는 표현입니다. 보통 축약형으로 'should've + p.p.'의 형태로 쓰이며, '과거에 대한 후회나 아쉬움'을 표현해요. should've 부분은 고정되고, p.p. 부분만 바꿔서 사용하는 형태이니 '~했었어야 되는데…'하면 자동반사적으로 should've가 튀어나올 수 있게 미리 소리를 익혀두시고, 그 상황에선 p.p.만 바꿔 사용하는 데 신경 쓰면서 말할 수 있도록 해요!

Example

- I **should** eat something.

  뭐 좀 먹어야겠다.

  I **should've eaten** something.

  (과거에) 뭐 좀 먹었어야 했는데.

- You **should** tell us.

  너 우리한테 얘기해야 돼.

  You **should've told** us.

  (과거에) 우리한테 얘기했었어야지.

Snowball speaking training
눈덩이 굴리듯 문장 말하기 훈련

그림의 번호 순서대로 이미지를 연상해 보고 말하기 연습을 해보세요.

너 그가 춤추는 걸 봤었어야 되는데.

You should've seen
너 봤었어야 되는데

You should've seen him
너 그를 봤었어야 되는데

You should've seen him dance.
너 그가 춤추는 걸 봤었어야 되는데.

우리 오늘 아침에 날씨 체크를 좀 했었어야 돼.

We should've checked
우리 체크를 좀 했었어야 돼

We should've checked the weather
우리 날씨 체크를 좀 했었어야 돼

We should've checked the weather this morning.
우리 오늘 아침에 날씨 체크를 좀 했었어야 돼.

가족들이랑 더 많은 시간을 보냈어야 했는데...

I should've spent
보냈어야 했는데

I should've spent more time
더 많은 시간을 보냈어야 했는데

I should've spent more time with my family.
가족들이랑 더 많은 시간을 보냈어야 했는데...

Challenge yourself
스스로 말해보기

눈덩이 훈련과 끊어 읽기 연습을 하며, 영어 리듬감을 익혀보세요.

❶ 내 카메라 가지고 올 걸.
   I **should've brought** my camera.

❷ 더 조심 좀 할 걸…
   I **should've been** more careful.

❸ 더 어릴 때 수영하는 법을 배웠어야 했어.
   I **should've learned** / how to swim / when I was younger.

❹ 주차를 여기다 할 걸.
   I **should've parked** here.

❺ 우리 환전을 좀 했었어야 됐어.
   We **should've exchanged** / some money.

❻ 나한테 전화했었어야지…!
   You **should've called** me.

실전 감각 기르기

Dialogue 1

Have you ever seen Dave dance?
Dave 춤추는 거 본 적 있어?

No, I haven't.
아니, 없는데.

You should've seen him dance at his wedding. *He's got *two left feet.
결혼식에서 그가 춤추는 거 봤어야 했어. 완전 몸치더라.

Dialogue 2

Why is everyone talking about bitcoin?
왜 이렇게 다들 비트코인 얘기들을 하냐?

Ugh, I should've bought bitcoin when it was cheap.
아, 진짜. 비트코인 쌀 때 샀어야 했는데.

* He's got = He has got '가지다(have)'를 강조하기 위해 비슷한 의미의 get을 한 번 더 사용한 것, 즉 have의 강조 표현
* have two left feet 몸치이다

Day 90

could have p.p. (~할 수도 있었는데)

It could've been worse.

이만한 게 다행이야.

Learning point 핵심 포인트

'could + 동사원형'은 '~할 수도 있겠다'의 의미로, **현재**나 **미래** 상황의 일어날 가능성을 말한다면, 이번 day에서 다룰 'could've + p.p.'는 **과거**에 '~할 수도 있었는데…'를 말하는 표현입니다. 즉, '과거에는 할 수 있었던 일이지만, 실제로 하지 않은 일에 대한 후회나 아쉬움을 나타낼 때', 혹은 반대로 '일어날 수도 있던 일이지만 일어나지 않은 일에 대해 안도하는 경우'에 사용합니다. 이 표현도 역시 could've 부분은 고정되고, p.p. 부분만 바꿔서 사용하는 형태이니 could've가 바로 튀어나올 수 있게 미리 소리를 익혀두시고, 그 상황에선 p.p.만 바꿔 사용할 수 있도록 합시다!

Example

- **We could win.**
  우리가 이길 수도 있지…

  We could've won.
  (과거에) 우리가 이길 수도 있었는데…

- **It could be worse.**
  더 안 좋을 수도 있어…

  It could've been worse.
  (과거에) 더 안 좋았을 수도 있었어…

Snowball speaking training
눈덩이 굴리듯 문장 말하기 훈련

그림의 번호 순서대로 이미지를 연상해 보고 말하기 연습을 해보세요.

너 여기 우리랑 있을 수도 있었잖아...

You could've stayed
너 있을 수도 있었잖아

You could've stayed here
너 여기 있을 수도 있었잖아

You could've stayed here with us.
너 여기 우리랑 있을 수도 있었잖아...

그에게 진실을 말할 수도 있었는데...

I could've told
말할 수도 있었는데

I could've told him
그에게 말할 수도 있었는데

I could've told him the truth.
그에게 진실을 말할 수도 있었는데... (못했어요)

너 나한테 그거 어떻게 하는 건지 물어볼 수도 있었잖아...

You could've asked
너 물어볼 수도 있었잖아

You could've asked me
너 나한테 물어볼 수도 있었잖아

You could've asked me how to do it.
너 나한테 그거 어떻게 하는 건지 물어볼 수도 있었잖아... (그런데 왜 안 물어봤어?)

375

Challenge yourself
스스로 말해보기

눈덩이 훈련과 끊어 읽기 연습을 하며, 영어 리듬감을 익혀보세요.

❶ 우리 택시를 부를 수도 있었잖아…?
We could've called a cab.

❷ 너 우리한테 얘기를 할 수도 있었잖아…
You could've told us.

❸ 내가 그걸 할 수도 있었지만…
I could've done that, / but…

❹ 우리가 뭔가 다른 걸 주문할 수도 있었는데.
We could've ordered / something else.

❺ 그게 우리였을 수도 있어.
It could've been us.

❻ 나한테 물어봐도 됐었잖아!?
You could've asked me.

실전 감각 기르기

Dialogue 1

 Ugh, I should've bought bitcoin when it was cheap.
아, 진짜. 비트코인 쌀 때 샀어야 했는데.

 Yeah, *tell me about it! We could've *retired *by now.
그러니까, 내 말이 그 말이야! 우리 지금쯤이면 은퇴했을 수도 있는 건데…

Dialogue 2

 Actually, I'm not good with spicy food.
내가 사실… 매운 음식을 잘 못 먹어.

 Why didn't you say anything?
We could've ordered something else.
왜 아무 말 안 했어? 우리 뭔가 다른 걸 시켜도 됐는데…!

* **Tell me about it.** 내 말이 그 말이야.
* **retire** 은퇴하다
* **by now** 지금쯤은 이미

Day

91

might have p.p. (~했을지도 몰라)

You might've left it at the coffee shop.

너 그거 거기 카페에 두고 온 거 같은데...

Learning point 핵심 포인트

'might + 동사원형'은 **현재**나 **미래**에 대한 불확실한 추측, 즉 '~일지도 모르겠다'의 의미라면, 이번 day에서 다룰 'might've + p.p.'는 **과거 그때 당시**에 '~했을지도 모르겠다'의 표현입니다. might've p.p.는 후회나 아쉬움보다는 단순히 '과거 일의 가능성에 대한 추측'을 표현하는 데 사용됩니다. 이 표현 역시 might've 부분은 미리 소리를 익혀두시고, p.p.만 그때그때 바꿔 사용하신다면 좀 더 말맛이 살 거예요!

Example

- He **might** be busy.

  그는 바쁠지도 몰라.

  He **might've been** busy.

  (과거에) 그는 바빴던 건지도 몰라...

- She **might** know about it.

  그녀가 그것에 대해서 알고 있을지도 몰라.

  She **might've known** about it.

  (과거에 그때) 그녀가 그것에 대해 알고 있었을 지도 몰라...

378

Snowball speaking training
눈덩이 굴리듯 문장 말하기 훈련

그림의 번호 순서대로 이미지를 연상해 보고 말하기 연습을 해보세요.

너 그거 거기 카페에 두고 온 거 같은데...

You might've left
너 두고 온 거 같은데

You might've left it
너 그거 두고 온 거 같은데

You might've left it at the coffee shop.
너 그거 거기 카페에 두고 온 거 같은데...

그녀가 어제 파티에 있었을지도 몰라.

She might've been
그녀가 있었을지도 몰라

She might've been at the party
그녀가 파티에 있었을지도 몰라

She might've been at the party yesterday.
그녀가 어제 파티에 있었을지도 몰라.

그녀가 너한테 전화하는 걸 까먹었던 건지도 몰라.

She might've forgotten
그녀가 까먹었던 건지도 몰라

She might've forgotten to call
그녀가 전화하는 걸 까먹었던 건지도 몰라

She might've forgotten to call you.
그녀가 너한테 전화하는 걸 까먹었던 건지도 몰라.

Challenge yourself
스스로 말해보기

눈덩이 훈련과 끊어 읽기 연습을 하며, 영어 리듬감을 익혀보세요.

① 걔네 이미 그 영화 봤을지도…?
They might've seen that movie / already.

② 그녀는 아마 미팅에 대해서 알고 있었을지도 몰라. 그냥 까먹은 거지.
**She might've known / about the meeting, /
but she just forgot.**

③ 그것에 대해 들어보셨을지도 모르겠는데요.
You might've heard about it.

④ 나 내 노트북 충전기 회사에 두고 온 거 같아…
I might've left my laptop charger / at work.

⑤ 너 되게 당황스러웠겠다.
You might've been *embarrassed.

⑥ 그는 아마 내가 여친이랑 다투고 있던 걸 봤을지도 모르겠어.
He might've seen me / arguing with my girlfriend.

실전 감각 기르기

Dialogue 1

Where's my phone?
내 폰 어딨지?

You might've left it at the coffee shop.
너 그거 거기 카페에 두고 온 것 같은데.

Dialogue 2

I *accidentally called my teacher "Mom" in class.
나... 수업 중에 실수로 선생님을 "엄마"라고 불렀잖아.

Oh no, you might've been embarrassed!
아, 진짜 창피했겠다...

Yeah, the *whole class was laughing, and I turned red.
응, 애들 전체가 다 웃었고, 난 얼굴이 빨개졌어.

---

* **embarrassed** 당황스러운, 창피한
* **accidentally** 우연히, 실수로
* **whole** 전체의

Day 92

shouldn't have p.p. (그러지 말았어야 했는데)

I shouldn't have brought my car.

차 가져오지 말걸...

Learning point 핵심 포인트

'should've + p.p.'는 '(과거에) ~했었어야 되는데…'의 의미로, '과거에 하지 않은 일에 대한 후회나 아쉬움'을 표현하는 데 사용했었죠? 그렇다면 이에 대한 부정문은 어떤 형태이며, 어떤 의미를 전달할까요? 형태는 should not have p.p., 줄여서 shouldn't have p.p.이고, '(과거에) ~하지 말았어야 했다'의 의미를 전달합니다. 즉, '하지 말았어야 하는데 했다'는 의미가 되겠죠? 역시나 후회나 아쉬움을 담고 있고, 현재 상황과 반대인 과거 상황을 '가정, 상상'해서 말하는 것입니다.

Example

- **I shouldn't eat too much.**
  나 너무 많이 먹으면 안 돼.

  I shouldn't have eaten too much.
  (과거에) 너무 많이 먹지 말아야 했어...

- **You shouldn't go to bed late.**
  너 늦게 자면 안 돼.

  You shouldn't have gone to bed late.
  (과거에) 너 늦게 자면 안 됐어...

Snowball speaking training
눈덩이 굴리듯 문장 말하기 훈련

그림의 번호 순서대로 이미지를 연상해 보고 말하기 연습을 해보세요.

자기 전에 너무 많이 먹지 말아야 했어...

I shouldn't have eaten
먹지 말아야 했어

I shouldn't have eaten too much
너무 많이 먹지 말아야 했어

I shouldn't have eaten too much before bed.
자기 전에 너무 많이 먹지 말아야 했어...

그 축제에 차를 가져오지 말아야 했어...

I shouldn't have brought
가져오지 말아야 했어

I shouldn't have brought my car
차를 가져오지 말아야 했어

I shouldn't have brought my car to the festival.
그 축제에 차를 가져오지 말아야 했어...

너 어젯밤에 늦게 자면 안 됐어...

You shouldn't have gone to bed
너 자면 안 됐어

You shouldn't have gone to bed late
너 늦게 자면 안 됐어

You shouldn't have gone to bed late last night.
너 어젯밤에 늦게 자면 안 됐어...

383

Challenge yourself
스스로 말해보기

눈덩이 훈련과 끊어 읽기 연습을 하며, 영어 리듬감을 익혀보세요.

❶ 난 아무 말도 하지 말아야 했어...
I shouldn't have said anything.

❷ 그걸 사지 말아야 했는데...!
I shouldn't have bought it.

❸ 너 그 무서운 영화 보지 말아야 했어...
You shouldn't have watched / that *scary movie.

❹ 그녀한테 문자를 보내지 말아야 했어...
I shouldn't have texted her.

❺ 난 옷에다 너무 많은 돈을 쓰지 말아야 했다...
I shouldn't have *wasted / too much money on clothes.

❻ 그녀는 웨이터분한테 너무 무례하면 안 됐어...
She shouldn't have been so rude / to the waiter.

실전 감각 기르기

Dialogue 1

My mouth is still burning!
아직도 입이 매워!

We shouldn't have eaten spicy food before bed.
우리 자기 전에 매운 거 먹지 말아야 했어...

Dialogue 2

We shouldn't have taken a taxi. The traffic is *insane!
택시를 탔으면 안 됐어. 교통이 미쳤네 진짜!

I know, we could've walked there!
그니까, 거기까지 걸어서 갈 수도 있었겠다.

---

* **scary movie** 무서운 영화
* **waste money on** ~에 돈을 낭비하다
* **insane** 미친, 제정신이 아닌

Day 93

couldn't have p.p. (못했을 거야, 못했을 수도 있어)

I couldn't have done it without your help.

너의 도움 아니었으면 난 못했을 거야.

Learning point 핵심 포인트

'could've + p.p.'는 '(과거에) ~할 수도 있었는데...'의 의미로, 과거에는 할 수 있었던 일이지만, 실제로 하지 않은 일에 대한 후회나 아쉬움을 나타낼 때, 혹은 반대로 일어날 수도 있던 일이지만 일어나지 않은 일에 대해 안도하는 경우에 사용하는 표현이었죠. 이에 대한 부정형은 'couldn't have p.p.'이고, '(과거에) ~할 수 없었을 것이다, 못했을 수도 있어, 불가능 했을 거야' 정도의 의미가 됩니다. 다시 말해, '~할 수 없었을 건데 했다, 결국 일어난 일이지만 일어날 가능성, 확률이 낮았을 것이다'와 같은 상황을 말하는 것입니다. 이 표현 역시 현재 상황과 반대인 과거 상황을 '가정, 상상'해서 말하는 것이 되겠죠?

Example

- **I couldn't do it.**
  난 못할 것 같아...

- **I couldn't have done it.**
  (과거에) 난 못했을 거야...

Snowball speaking training
눈덩이 굴리듯 문장 말하기 훈련

그림의 번호 순서대로 이미지를 연상해 보고 말하기 연습을 해보세요.

너의 도움 아니었으면 난 (그거) 못했을 거야.

I couldn't have done
(과거에) 난 못했을 거야

I couldn't have done it
(과거에) 난 (그거) 못했을 거야

I couldn't have done it without your help.
(과거에) 너의 도움 아니었으면 난 (그거) 못했을 거야.

자막 없인 그 영화를 이해할 수 없었을 거야.

I couldn't have understood
이해할 수 없었을 거야

I couldn't have understood the movie
그 영화를 이해할 수 없었을 거야

I couldn't have understood the movie without subtitles.
자막 없인 그 영화를 이해할 수 없었을 거야.

우리 내비 없었으면 여기 못 찾았을 거야...

We couldn't have found
우리 못 찾았을 거야

We couldn't have found this place
우리 여기 못 찾았을 거야

We couldn't have found this place without *GPS.
우리 내비 없었으면 여기 못 찾았을 거야...

387

Challenge yourself
스스로 말해보기

눈덩이 훈련과 끊어 읽기 연습을 하며, 영어 리듬감을 익혀보세요.

❶ 그가 아니었으면 우린 만나지 못했을 수도 있어.
   We couldn't have met / without him.

❷ (이보다) 더 좋을 순 없었다(최고였어).
   It couldn't have been better.

❸ 나 이거 레시피 없었으면 못 만들었어.
   I couldn't have made it / without the recipe.

❹ 나 혼자서는 못했을 거야.
   I couldn't have done it alone.

❺ 그는 (이보다) 더 솔직할 순 없었을 거야.
   He couldn't have been / more honest.

❻ 음악이 없었으면 우린 좋은 시간을 보내지 못했을 거야(음악이 다 했다).
   We couldn't have / had a good time / without music.

실전 감각 기르기

Dialogue 1

 How was the trip to Hawaii?
하와이 여행 어땠어?

 It couldn't have been better.
최고였어요(그보다 더 좋을 수는 없었어요).

Dialogue 2

 How did you two meet?
너희 둘은 어떻게 만났어?

 We have a *mutual friend and he introduced her to me. I couldn't have met her without him.
우리는 겹치는 친구가 있어서, 그 친구가 걔를 나한테 소개해 줬어. 그 친구가 없었으면 걔를 못 만났지.

---

* **GPS** 위치 확인 시스템, 내비게이션
* **mutual** 공통의, 서로의

Day 94

be supposed to(원래 그런 거다) 긍정 / 부정문

> ## The jacket is supposed to be (a little) oversized.
> 그 재킷은 원래 좀 크게 입는 거예요.

Learning point 핵심 포인트

'be supposed to + 동사원형'은 의미가 굉장히 입체적인 표현이라 그 뉘앙스를 잘 이해하는 것이 무엇보다 중요한데요. 우선 여기서 'be동사'는 주어에 맞게 변화하는 개념이고, 부정문은 'be not supposed to + 동사원형'의 형태가 됩니다. 과거일 경우는 be동사의 과거형을 사용해 주고요. 보통 '해야 한다, 다들 그렇게 한다, 원래 그러는 거다, 하기로 하다(그럴 예정), 원래 이러는 게 맞다' 정도의 의미로 사용되는데요. 다시 말해, 일종의 룰, 일반적 행동 패턴, 그러기로 한 약속, 정해진 일 등에 쓰이게 됩니다. 특히 이 표현은 '그러기로 했는데 못 했어, 원래는 안 하는 건데 했어'의 방식으로도 많이 쓰입니다.

Example

- **She was supposed to come, but she didn't.**
  그녀는 오기로 되어 있었지만 오지 않았어요.

- **Life is supposed to be hard.**
  인생은 원래 힘든 거야.

- **I'm not supposed to eat carbs because I'm on a diet.**
  나 다이어트 중이어서 탄수화물 먹으면 안 돼.

Snowball speaking training
눈덩이 굴리듯 문장 말하기 훈련

그림의 번호 순서대로 이미지를 연상해 보고 말하기 연습을 해보세요.

너 원래 한 시간 전에 여기 있었어야 하는 거잖아.

You're supposed to be
너 원래 있었어야 하는 거잖아

You're supposed to be here
너 원래 여기 있었어야 하는 거잖아

You're supposed to be here an hour ago.
너 원래 한 시간 전에 여기 있었어야 하는 거잖아.

나 원래 그를 만나기로 했었는데 그가 나를 바람 맞혔어!

I was supposed to meet
나 원래 만나기로 했었어

I was supposed to meet him
나 원래 그를 만나기로 했었어

I was supposed to meet him, but he *stood me up!
나 원래 그를 만나기로 했었는데 그가 나를 바람 맞혔어!

나 원래 아침에 어디 가야 됐었는데, 늦잠을 잤어.

I was supposed to go somewhere
나 원래 어디 가야 됐어

I was supposed to go somewhere in the morning,
나 원래 아침에 어디 가야 됐어

I was supposed to go somewhere in the morning, but I overslept.
나 원래 아침에 어디 가야 됐었는데, 늦잠을 잤어.

Challenge yourself
스스로 말해보기

눈덩이 훈련과 끊어 읽기 연습을 하며, 영어 리듬감을 익혀보세요.

❶ 저 $4 받는 게 맞는 건데, $5 주셨어요.
   I was supposed to get $4, / but you gave me $5.

❷ 피자가 지금쯤이면 도착을 했어야 하는 건데…
   The pizza was supposed to arrive / by now.

❸ (그게…) 제가 제 자리를 비우면 원래 안 되는 거라서요.
   I'm not supposed to leave my desk.

❹ 그거 원래 자동인 건데…
   It's supposed to be *automatic.

❺ 나 원래 어제 일 안 하는 거였는데, 했어.
   I was not supposed to work yesterday, / but I did.

❻ 차는 원래 비싼 거 아니겠니.
   Cars are supposed to be expensive.

실전 감각 기르기

Dialogue 1

 Is your shirt *inside out?
셔츠 뒤집어 입은 거 아니야?

 It's supposed to be like this.
원래 이런 게 맞아.

Dialogue 2

 I'm not supposed to eat carbs because I'm on a diet.
나 탄수화물 먹으면 안 돼... 왜냐면 난 다이어트 중이니까.

 Then, why are you holding a donut right now?
근데 지금 왜 도넛을 들고 있어?

---

* **stand someone up** ~를 바람맞히다
* **automatic** 자동의
* **inside out** (안팎을) 뒤집어

Day 95

be supposed to (원래 그런 거다) 의문문

Aren't you supposed to be at work now?

너 원래 지금 회사에 있어야 되는 거 아냐?

Learning point 핵심 포인트

앞서 일종의 룰, 일반적 행동 패턴, 그러기로 한 약속, 정해진 일 등에 쓰이는 표현 'be supposed to + 동사원형'에 대해 익혀봤는데요. 이는 'Are you supposed to 동사원형?'과 같이 의문문의 형태로도 자주 사용됩니다. 과거일 경우는 be동사의 과거형을 사용하고, 필요하다면 의문문 맨 앞에 What, Why, How 등의 의문사를 추가할 수도 있습니다. 특히 '원래 이러는 게 맞지?, 원래 그러기로 한 거 아니었나?'와 같은 뉘앙스로도 많이 쓰입니다.

Example

- **Are** you **supposed to** pick her up?
  네가 그녀를 데리러 가기로 했어?

- **Were** you **supposed to** pick up the tickets?
  원래 네가 티켓을 받기로 했던 거야?

- **Isn't** she **supposed to** arrive by now?
  그녀 지금쯤이면 도착해야 하는 거 아냐?

- **Isn't** it **supposed to** be automatic?
  그거 원래 자동인 거 아냐?

Snowball speaking training
눈덩이 굴리듯 문장 말하기 훈련

그림의 번호 순서대로 이미지를 연상해 보고 말하기 연습을 해보세요.

너 고객님 2시에 만나기로 되어 있어?

Are you supposed to meet
너 만나기로 되어 있어?

Are you supposed to meet your client
너 고객님 만나기로 되어 있어?

Are you supposed to meet your client at 2?
너 고객님 2시에 만나기로 되어 있어?

너 원래 지금 회사에 있어야 되는 거 아냐?

Aren't you supposed to be
너 원래 있어야 되는 거 아냐?

Aren't you supposed to be at work
너 원래 회사에 있어야 되는 거 아냐?

Aren't you supposed to be at work now?
너 원래 지금 회사에 있어야 되는 거 아냐?

이거 원래 감자튀김이랑 콜라랑 같이 나오는 거 아니에요?

Isn't it supposed to come
이거 원래 나오는 거 아니에요?

Isn't it supposed to come with French fries
이거 원래 감자튀김이랑 나오는 거 아니에요?

Isn't it supposed to come with French fries and Coke?
이거 원래 감자튀김이랑 콜라랑 같이 나오는 거 아니에요?

395

Challenge yourself
스스로 말해보기

눈덩이 훈련과 끊어 읽기 연습을 하며, 영어 리듬감을 익혀보세요.

❶ 이거 원래 이런 거 맞아?
Is it supposed to be / like this?

❷ 너 원래 어제 일하는 거였어?
Were you supposed to work / yesterday?

❸ (헙…) 그거 원래 비밀이었어?
Was it supposed to be a secret?

❹ 난 이제(지금) 뭘 해야 하는 거지?
What am I supposed to do now?

❺ 저 어디 앉아야 되죠?
Where am I supposed to sit?

❻ Mia가 미팅에서 발표를 하기로 되어 있나요?
Is Mia / supposed to give a presentation / at the meeting?

실전 감각 기르기

Dialogue 1

Isn't he supposed to arrive by now...?
그 사람 지금쯤 도착해야 하지 않아요...?

I don't know, maybe his train is delayed.
잘 모르겠어, 아마 기차가 지연된 거 같아.

Dialogue 2

The bus driver saw me running, waving my arms... and passed me. And *I was like, "*What am I supposed to do now?"
버스 기사님이 내가 뛰면서 팔을 흔들고 있는 걸 보고... 지나치셨어. 그래서 나는 "이제 어떻게 해야 하지?"라고 생각했어.

How could he...? So, did you just wait for the next one?
어떻게 그럴 수가...? 그럼 그냥 다음 버스를 기다린 거야?

* **I was like** '나는 이렇게 생각했어, 나는 ~라고 말했어. 내가 뭐라고 했냐면 ~' 직접적인 말을 전할 때 사용되는 구어체 표현

* **What am I supposed to do now?** 이제 어떻게 하지?, 이런 상황에선 뭘 해야 하는 게 맞는 거지?

Day 96

get used to 명사 (~에 익숙해지다)

I'm getting used to the cold weather.

추운 날씨에 적응이 되고 있어.

Learning point 핵심 포인트

'get used to + 명사/동명사'는 '무언가에 익숙해지다, 적응이 되다'라는 의미로, 새로운 상황이나 변화에 적응함을 표현할 때 사용합니다. 동사 get은 이동/변화의 의미가 있었죠. 무언가에 익숙해지는 상태로 '이동/변화'하는 셈인 거죠. get used to 뒤에 '명사'가 올 때는 '특정한 대상'에 익숙해진다는 의미이고, '동명사'가 올 때는 '특정한 행위나 활동에 익숙해진다'는 의미가 됩니다.

Example

- **get used to** her new school
  그녀의 새로운 학교에 적응이 되다

- **get used to** the new phone
  새 폰에 익숙해지다

- **get used to** new glasses
  새 안경에 익숙해지다

- **get used to** driv<u>ing</u> on the left
  왼쪽으로 운전하는 것에 적응이 되다

Snowball speaking training
눈덩이 굴리듯 문장 말하기 훈련

그림의 번호 순서대로 이미지를 연상해 보고 말하기 연습을 해보세요.

여기 추운 날씨에 적응이 되고 있어.

I'm getting used to
적응이 되고 있어

I'm getting used to the cold weather
추운 날씨에 적응이 되고 있어

I'm getting used to the cold weather here.
여기 추운 날씨에 적응이 되고 있어.

이제 나 운전해서 출근하는 것에 익숙해졌어.

Now I got used to
이제 나 익숙해졌어

Now I got used to driving
이제 나 운전하는 것에 익숙해졌어

Now I got used to driving to work.
이제 나 운전해서 출근하는 것에 익숙해졌어.

그는 한국 음식에 익숙해지려고 노력 중이야.

He is trying
그는 노력 중이야

He is trying to get used to
그는 익숙해지려고 노력 중이야

He is trying to get used to Korean food.
그는 한국 음식에 익숙해지려고 노력 중이야.

Challenge yourself
스스로 말해보기

눈덩이 훈련과 끊어 읽기 연습을 하며, 영어 리듬감을 익혀보세요.

❶ 우리 아들이 새로운 반에 곧 적응할 수 있을 거라 생각해.
I think / my son can get used to the new class / soon.

❷ 난 일찍 일어나는 것에 익숙해질 필요가 있어.
I need to / get used to waking up early.

❸ 새 폰에 익숙해지는 데엔 시간이 좀 걸리지.
It takes a while / to get used to the new phone.

❹ 혼자 사는 것에 익숙하지가 않았어요.
I didn't get used to living alone.

❺ 나 이젠 새 스케줄에 익숙해졌어.
Now / I got used to the new schedule.

❻ 그녀는 혼자 자는 것에 익숙해지고 있다.
She is getting used to sleeping alone.

실전 감각 기르기

Dialogue 1

**Now I got used to driving to work.
No more stress in the morning!**
이제 출근길 운전에 익숙해졌어. 이제 아침에 스트레스가 없어!

Haha, yeah. Now you can enjoy your coffee in peace.
ㅋㅋ 좋네! 이제 커피도 평화롭게 마실 수 있겠네.

Dialogue 2

I think he's getting used to the new class.
그가 새로운 수업에 익숙해지는 것 같아.

**That's great!
I'm sure he'll *get the hang of it *in no time.**
잘됐네! 나는 그가 금방 적응할 거라고 확신해.

---

* **get the hang of** ~을 할 줄 알게 되다
* **in no time** 당장에, 곧

Day 97

가주어 it

It's awkward not to have coffee after lunch.

점심 먹고 나서 커피를 안 마신다는 건 이상해.

Learning point 핵심 포인트

To wake up early every day is hard(매일 아침 일찍 일어나는 것은 어렵다). 이 문장의 주어는 'To wake up early every day'이죠. 그런데 이렇게 주어가 길고 복잡하면 문장이 무겁고, 무엇보다도 중요 키워드인 hard가 너무 나중에 나오게 되죠. 이때 사용하는 것이 '가짜 주어(가주어) it'입니다. 일단 It을 주어로 두고 키워드 hard를 빨리 나오도록 합니다(It is hard). 그리고 나서 길고 복잡했던 진짜 주어를 뒤에 to V의 형태로 붙여줍니다(It is hard to wake up early every day). 참고로, 무조건 주어가 길다고 해서 이 구조를 사용하는 것은 아닙니다. '새로운 언어를 배우는 것', '매일 아침을 먹는 것'과 같이 '어떠한 동사(행위)를 하는 것'의 형태가 포함되는 주어일 경우에만 해당한다는 점!

Example

It is hard   주어(to V)

- **It's hard to wake up early in the morning.**
  아침에 일찍 일어나는 건 힘들어.

- **It's hard to dry my hair with a small towel.**
  내 머리를 작은 수건으로 말리는 건 힘들어.

Snowball speaking training
눈덩이 굴리듯 문장 말하기 훈련

그림의 번호 순서대로 이미지를 연상해 보고 말하기 연습을 해보세요.

매일 아침을 먹는 것은 중요해.

It is important
중요해

It is important to have breakfast
아침을 먹는 것은 중요해

It is important to have breakfast every day.
매일 아침을 먹는 것은 중요해.

밤에 충분한 잠을 자는 것은 중요해.

It is important
중요해

It is important to *get enough sleep
충분한 잠을 자는 것은 중요해

It is important to get enough sleep at night.
밤에 충분한 잠을 자는 것은 중요해.

점심 먹고 나서 커피를 안 마신다는 건 이상해.

It's *awkward
이상해

It's awkward not to have coffee
커피를 안 마신다는 건 이상해

It's awkward not to have coffee(to skip coffee) after lunch.
점심 먹고 나서 커피를 안 마신다는 건 이상해.

Challenge yourself
스스로 말해보기

눈덩이 훈련과 끊어 읽기 연습을 하며, 영어 리듬감을 익혀보세요.

❶ 미래를 위해 돈을 모으는 건 중요해.
   It's important / to save money / for the future.

❷ 거기 혼자 가기는 좀 뻘쭘해.
   It's awkward / to go there alone.

❸ 처음 보는 사람들이랑 얘기하는 건 어색해.
   It's awkward / to talk to strangers.

❹ 다른 사람들의 말을 듣는 것은 중요해.
   It is important / to listen to others(other people).

❺ 바쁠 때 취미를 위한 시간을 낸다는 건 어려워.
   It's hard / to find time for hobbies / when you're busy.

❻ 새로운 언어를 배우는 건 쉽지 않아.
   It is not easy / to learn a new language.

실전 감각 기르기

Dialogue 1

 I don't know if I should go to the party alone.
혼자 파티에 가야 할지 모르겠어.

 **I totally get that. It's awkward to go to a party without a friend, but who knows?
You might meet some cool people there!**
완전히 이해해. 친구 없이 파티 가는 거 뻘쭘하지. 그런데 뭐 어때?
거기서 멋진 사람들을 만날 수도 있잖아!

Dialogue 2

 I really want to stop biting my nails, but I just can't.
진짜 손톱 물어뜯는 습관을 고치고 싶은데, 못 하겠어.

 It's hard to *break a bad habit you've had for years.
네가 수년 간 가지고 있던 나쁜 습관을 고친다는 건 어렵지.

---

* **get enough sleep** 충분한 수면을 취하다 (sleep은 '수면을 한다' 정도의 의미, get과 함께 쓰면 '충분한 잠을 취해야 한다'의 느낌 강조)
* **awkward** 어색한, 이상한
* **break a habit** 습관을 고치다

Day

98

간접의문문 응용 1

How long did you say you've been working there?

너 거기서 얼마나 일했다고 했지?

Learning point 핵심 포인트

'너 거기서 얼마나 일했다고 했지?'라는 문장은 'Did you say ~?'라는 문장 속에 'How long have you been working there?'이 들어가는 듯한 구조이죠. 이는 day 75에서 다뤘던 개념으로 보면 Did you say [how long you've been working there]? 의 순서가 되어야 합니다. 그런데 보통 의문사(Wh-)가 없는 의문문은 대답이 Yes/No인 것과 달리, 위 의문문은 '6개월, 10년'처럼 답변이 구체적이죠. 궁금한 건 How long이기 때문인데요. 그래서 How long을 맨 앞으로 빼내 'How long did you say you've been working there?'의 구조로 사용합니다. 이런 구조는 say 외에 think, guess 등의 동사일 때도 사용이 되며, 이번 시간에는 say에 초점을 맞춰보도록 하겠습니다.

Example

- [How long] did you say [she's been living there]?
  그녀가 거기서 얼마나 오래 살고 있다고 했지?

- [What movie] did you say [you watched yesterday]?
  어제 너 무슨 영화 봤다고 했지?

Snowball speaking training
눈덩이 굴리듯 문장 말하기 훈련

그림의 번호 순서대로 이미지를 연상해 보고 말하기 연습을 해보세요.

너 거기서 얼마나 일했다고 했지?

Did you say [how long you've been working there]?

너 거기서 얼마나 일했다고 했지?

→ **[How long] did you say**

너 얼마 동안이라고 했지?

→ **[How long] did you say [you've been working there]?**

너 거기서 얼마나 일했다고 했지?

우리 비행기 몇 시라고 했지?

Did you say [what time our flight was]?

우리 비행기 몇 시라고 했지?

→ **[What time] did you say**

너 몇 시라고 했지?

→ **[What time] did you say [our flight was]?**

우리 비행기 몇 시라고 했지?

너 생일날 뭐 갖고 싶다고 했지?

Did you say [what you wanted for your birthday]?

너 생일날 뭐 갖고 싶다고 했지?

→ **[What] did you say**

너 뭐라고 했지?

→ **[What] did you say [you wanted for your birthday]?**

너 생일날 뭐 갖고 싶다고 했지?

Challenge yourself
스스로 말해보기

눈덩이 훈련과 끊어 읽기 연습을 하며, 영어 리듬감을 익혀보세요.

❶ 그 미팅 몇 시라고 했더라?
[What time] did you say / [the meeting was]?

❷ 너 티켓 몇 장 필요하다고 했더라?
[How many tickets] did you say / [you need]?

❸ 너 이거 어디서 찾았댔지?
[Where] did you say / [you found this]?

❹ 너 어제 쇼핑몰에서 누구 봤다고 했지?
[Who] did you say / [you saw at the mall yesterday]?

❺ 이거 누가 가져왔다고 했지?
[Who] did you say / [brought this]? ∴ Day 19 수상한 의문문 같은 구조

❻ 너 몇 살이라고 했지?
[How old] did you say / [you were]?

실전 감각 기르기

Dialogue 1

 What time did you say our flight was?
우리 비행기 시간이 몇 시라고 했지?

 Let me check. It's 10:45.
확인해 볼게. 10시 45분이야.

Dialogue 2

 Who did you say you saw at the store yesterday?
너 어제 그 가게에서 누구 봤다고 했지?

 Rachel!
Rachel!

 *****What a small world.
I haven't seen her since high school.**
세상 진짜 좁다. 나 걔 고등학교 이후로는 못 봤는데.

***** **What a small world.** 세상 정말 좁다.

Day

99

간접의문문 응용 2

How old do you think I am?

저 몇 살일 것 같으세요?

 **Learning point** 핵심 포인트

'저 몇 살일 것 같으세요?'라는 문장은 'Do you think ~?'라는 문장 속에 'How old am I?'가 들어가는 듯한 구조이죠. 이 역시 day 75에서 다뤘던 개념으로 본다면 Do you think [how old I am]? 의 순서가 되어야 하죠. 그런데 지난 시간과 마찬가지로 위 의문문은 대답이 Yes/No가 아닌, '20살, 35살'과 같이 구체적인 나이가 답변이 되죠. 궁금한 건 How old이기 때문인데요. 그래서 How old를 맨 앞으로 빼낸 구조, 'How old do you think I am?'이라고 말합니다. 이런 구조는 say, think, guess 등의 동사가 사용될 경우이고, 이번 시간에는 think에 초점을 맞춰보도록 하겠습니다.

Example

- **[How tall] do you think [he is]?**
  그가 얼마나 키가 클 것 같아?

- **[Where] do you think [we should go for dinner tonight]?**
  오늘 저녁 먹으러 우리 어디로 가야 할 것 같아?

- **[Which color] do you think [is better]?**
  어떤 색이 더 낫다고 생각하세요?

Snowball speaking training
눈덩이 굴리듯 문장 말하기 훈련

그림의 번호 순서대로 이미지를 연상해 보고 말하기 연습을 해보세요.

저 몇 살일 것 같으세요?

Do you think [how old I am]?
저 몇 살일 것 같으세요?

→ **[How old] do you think**
몇 살일 것 같으세요?

→ **[How old] do you think [I am]?**
저 몇 살일 것 같으세요?

영철이가 누구 고를 것 같아?

Do you think [who 영철 would choose]?
영철이가 누구 고를 것 같아?

→ **[Who] do you think**
누구일 것 같아?

→ **[Who] do you think [영철 would choose]?**
영철이가 누구 고를 것 같아?

A랑 B 중에 뭐가 더 나은 거 같아?

Do you think [which is better], A or B?
A랑 B 중에 뭐가 더 나은 거 같아?

→ **[Which] do you think**
뭐 일 것 같아?

→ **[Which] do you think [is better, A or B]?**
A랑 B 중에 뭐가 더 나은 거 같아?

Challenge yourself
스스로 말해보기

눈덩이 훈련과 끊어 읽기 연습을 하며, 영어 리듬감을 익혀보세요.

❶ 너 그가 어제 왜 안 왔다고 생각해?
[Why] do you think / [he didn't come yesterday]?

❷ 그들이 어디 가고 있다고 생각해?
[Where] do you think / [they are going]?

❸ 나 뭐 입어야 될 거 같아?
[What] do you think / [I should wear]?

❹ 어떤 색깔이 더 나은 거 같아?
[Which color] do you think [is better]?
∴ Day 19 수상한 의문문 같은 구조

❺ 그 미팅 하기에 101호랑 102호 중에 어디가 나을 거 같아?
[Which room] do you think [is better / for the meeting, / R101 / or R102]? ∴ Day 19 수상한 의문문 같은 구조

❻ 너는 그가 왜 마음을 바꿨다고 생각해?
[Why] do you think / [he changed his mind]?

실전 감각 기르기

Dialogue 1

 Why do you think he didn't come yesterday?
왜 어제 그가 안 왔다고 생각해?

 Maybe he *overslept.
늦잠 자서 그런 거 아닐까.

Dialogue 2

 Which do you think is better, watching movies or playing video games?
영화 보는 거랑 게임 하는 거 중에 뭐가 더 낫다고 생각해?

 Movies for sure, you can just *chill.
영화가 더 좋지, 그냥 편하게 쉴 수 있잖아.

* **oversleep** 늦잠 자다
* **chill** 느긋한 시간을 보내다

Day 100
강조의 do

You do crave it, right?

너 땡기긴 하잖아, 그렇지?

Learning point 핵심 포인트

'나는 그걸 알아.'는 'I know it.'이죠. 그런데 간혹 'I do know it.'처럼 do가 동사 앞에 쓰이는 경우를 볼 수 있는데요. 이는 do가 내용을 강조하기 위해 사용된 경우입니다. 정해진 한국어 해석은 없지만 '나는 그걸 알긴 알아.' 즉, '(진짜) ~하긴 하다' 정도의 뉘앙스를 풍깁니다. 과거를 말한다면 'I did know it(나 그거 알긴 했어).'와 같이 did를 사용하고, 3인칭 단수의 경우에는 does를 사용해 'He does know it(그가 그걸 알긴 해).'처럼 표현합니다. 두 경우 모두 know는 원형으로 사용한다는 점 기억해 주세요!

Example

- I **do** know how to play it, but I'm still learning.
  어떻게 연주하는지는 알지만, 아직 배우고 있어요.

- I haven't met him, but I **do** know him.
  난 그를 만난 적은 없는데, 알긴 알아.

- She **does** want to have dinner with you.
  그녀는 너랑 같이 저녁을 진짜 먹고 싶어 하긴 해.

- I **did** learn a lot from the experience.
  그 경험으로부터 많이 배우긴 했어요.

Snowball speaking training
눈덩이 굴리듯 문장 말하기 훈련

강조의 do 유무에 따른 뉘앙스를 비교하며 말하기 연습을 해보세요.

남친이랑 저는 맨날 싸워요. 근데 당연히 사랑하긴 하죠.

My boyfriend and I always fight, but I love him.
남친이랑 저는 맨날 싸워요. 근데 저는 그를 사랑해요.

My boyfriend and I always fight, but of course, I do love him.
남친이랑 저는 맨날 싸워요. 근데 당연히 사랑하긴 하죠.

난 그걸 어떻게 연주하는지 알긴 아는데, 계속 배우는 중이야.

I know how to play it.
난 그걸 어떻게 연주하는지 알아.

I do know how to play it, but I'm still learning.
난 그걸 어떻게 연주하는지 알긴 아는데, 계속 배우는 중이야.

제가 우유를 많이 먹긴 했어요.

I drank a lot of milk.
저는 우유를 많이 마셨어요.

I did drink a lot of milk.
제가 우유를 많이 먹긴 했어요.

그는 늦을 거라고 말하긴 했어요.

He said that he was going to be late.
그는 늦을 거라고 말했어요.

He did say that he was going to be late.
그는 늦을 거라고 말하긴 했어요.

Challenge yourself
스스로 말해보기

눈덩이 훈련과 끊어 읽기 연습을 하며, 영어 리듬감을 익혀보세요.

❶ 우린 그녀를 만난 적은 없는데, 알긴 알아.
We haven't met her, / but we do know her.

❷ 네가 왜 속상한지 이해는 하는데, 내가 그것에 대해서 할 수 있는 건 없어.
I do understand / why you're upset, / but / there's nothing I can do / about it.

❸ 그녀는 너랑 같이 저녁을 진짜 먹고는 싶어 해. 근데 그냥 너무 바쁜 거야.
She does want to have dinner with you, / but she's just too busy.

❹ 나는 그걸 믿긴 믿어.
I do believe it.

❺ 그분이 이 분야에 많은 경험이 있긴 합니다만.
He does have a lot of experience / in this *field.

❻ 파티에서 그녀가 아무하고도 말을 딱히 안 하긴 했지만, 오긴 왔어.
She didn't really talk to anyone / at the party, / but she did come.

실전 감각 기르기

Dialogue 1

 You're very tall. Are *both of your parents tall?
키가 되게 크신데, 부모님이 두 분 다 크세요?

 **No, both of them are just average.
But I did drink a lot of milk.**
아뇨, 두 분 다 그냥 평균이세요. 그런데 우유를 많이 먹긴 했어요.

Dialogue 2

 You don't eat ramen at all? You don't *crave it?
넌 라면을 전혀 안 먹어? 땡기지 않아?

 Honestly? Four or five times a year?
솔직히? 일 년에 네다섯 번?

 But you do crave it, right?
근데 땡기긴 하잖아, 그치?

* **field** 분야
* **both of** ~의 양쪽 모두
* **crave** (특정 음식이) 먹고 싶다, 당기다

MEMO

Training 1   음식에 대해 이야기하기

Elba   I made Kimbap this morning and it was just a perfect meal!
오늘 아침에 김밥을 만들었고, 정말 완벽한 식사였어요!

Adam   I love Kimbap! It's one of my favorites.
전 김밥 너무 좋아해요! 제가 좋아하는 것들 중 하나예요.

Elba   Oh, you like it?
오, 김밥 좋아하세요?

Adam   Sure, I usually make it with 땡초 and tuna.
물론이죠, 전 보통 땡초랑 참치로 만들어요.

Elba   You make Kimbap by yourself?
김밥을 직접 만드신다고요?

Adam   Sure, sometimes.
I also love Kimbap with 소고기 and 김치. It's so good.
네, 가끔이요. 전 소고기랑 김치가 들어간 김밥도 좋아해요.
정말 맛있어요.

Elba   That's a great combination!
굉장한 조합이네요!

Adam   Yes! And it's always good and healthy.
네! 그리고 항상 맛있고, 건강에도 좋아요.

---

* **one of ~** ~중에 하나
* **usually** 보통, 대개
* **by yourself** 혼자 힘으로, 직접

특별 부록

100일 만에 프리토킹
실전 대화 핸디북

'실전 대화 핸디북'을 통해 회화 연습을 해보세요.
'100일 만에 프리토킹'에서 배운 내용이 대화에서
어떻게 활용되는지 확인하며 실전 감각을 길러보세요!

강의 보기

Training 2   파티에 다녀온 이야기

Elba — Did you go to the party last night?
너 어젯밤에 파티 갔었어?

Adam — Yes, I did! It was a lot of fun! Why didn't you come?
응, 갔지! 정말 재밌었어! 왜 안 왔어?

Elba — I had a fever and a cough.
나 열이랑 기침이 있었어.

Adam — Oh no! Are you okay now?
Did you stay at home all day yesterday?
오 이런! 지금은 괜찮아?
어제 하루 종일 집에 있었던 거야?

Elba — Yes, I did. I just watched a movie.
What time did you leave the party?
응, 그냥 영화 봤어.
파티 몇 시에 떠났어?

Adam — I left at midnight.
자정에 떠났어.

Elba — Was Chris there too? Who else came to the party?
Chris도 거기 있었어? 그밖에 또 누가 파티에 왔어?

Adam — Yes, he was. And Olivia and Ben were there, too.
응, Chris도 있었어. 그리고 Olivia랑 Ben도 있었고.

* **have** 가지고 있다 (질병을 나타낼 때도 사용)
* **all day yesterday** 어제 내내
* **at midnight** 자정에
* **who else** 그밖의 또 다른 사람들

Training 3   운동에 대해 이야기하기

Elba Hey, are you at home now? What are you doing?
야, 지금 집이야? 지금 뭐 하고 있어?

Adam No, I'm at the gym right now. I'm running on the treadmill.
아니, 나 지금 헬스장이야. 러닝머신에서 뛰고 있어.

Elba At this hour? It's only 7:30 a.m.!
이 시간에? 오전 7시 30분밖에 안 됐는데!

Adam Yes, I usually go to the gym at 6 in the morning.
응, 난 보통 아침 6시에 헬스장에 가.

Elba Seriously?
진심이야?

Adam It sounds crazy, but it's true.
미친 소리 같지만, 진짜야.

Elba I've never been a morning workout person.
난 아침 운동을 해본 적이 없어.

Adam You know what?
There are so many early-morning gym-goers here.
그거 알아?
여기에 아침 일찍 헬스장에 오는 사람들이 정말 많아.

---

* **run on the treadmill** 러닝머신을 뛰다
* **It sounds ~** ~하게 들린다
* **a morning workout person** 아침에 운동하는 사람
* **early-morning gym-goers** 아침 일찍 헬스장에 가는 사람들

Training 10 — 카페에서 주문 변경하기

Elba Well, I ordered a latte, but I shouldn't have ordered it...

라테를 주문했는데, 그러지 말 걸 그랬어요...

Adam Then... do you want to change to a cappuccino?

음, 카푸치노로 바꾸고 싶으세요?

Elba Oh, can I?

어머, 가능해요?

Adam Yes. Or do you want me to add some more foam to it? Cause a latte is supposed to have less foam than a cappuccino.

네. 아니면 거품을 좀 더 넣어드릴까요?
라테가 아무래도 카푸치노보다 거품이 좀 적으니까요.

Elba Yes, I'd love that. And do you guys have sandwiches, too?

네, 너무 좋죠. 샌드위치도 있으세요?

Adam Yes, we do have sandwiches, but I'm sorry, we're closing soon.

네, 샌드위치가 있기는 하지만 죄송해요, 곧 문을 닫습니다.

Elba Oh, what time did you say you're closing?

아, 몇 시에 문을 닫는다고 하셨죠?

Adam We're closing in about 10 minutes.

저희 10분 정도 뒤에 닫습니다.

---

* **shouldn't have p.p.** ~하지 말았어야 했는데 (후회를 나타낼 때)
* **Do you want me to ~?** 너 내가 ~하길 원해?
* **be supposed to** 원래 그런 게 맞다, ~하기로 되어 있다

Training 9 집에 친구 초대하고 대접하기

Elba Oh no! I think the steak is undercooked.
I should've cooked it a little longer.

오 안 돼! 내 생각에 스테이크가 덜 익은 거 같아.
조금 더 길게 스테이크를 익혔어야 했는데.

Adam Nope! I like it. This is the best steak I've ever had!

아니야! 난 이게 맛있어.
내가 먹어본 최고의 스테이크야!

Elba That's so sweet. I'm glad you like it.

진짜 고마워. 네가 좋아해서 다행이다.

Adam And what is it called in Korean?

이거 한국어로 뭐라고 불려?

Elba It's called '새송이버섯'.

이거 '새송이버섯'이라고 해.

Adam Wow, it tastes more flavorful than I expected!
Can I have another piece of 새송이버섯?

와, 내가 기대했던 것보다 더 맛있는데!
새송이버섯 하나 더 줄래?

---

* **undercooked** 덜 익은
* **should have p.p.** ~했어야 했는데 (후회를 나타낼 때)
* **I'm glad 주어 + 동사** ~해서 다행이다, 기쁘다
* **flavorful** 풍미가 좋은

Training 4   커피 주문하기

Elba   **Can I please get an iced Grande green tea latte?**
그란데 사이즈 아이스 그린티 라테 주세요.

Adam   **Sure thing!**
네, 그럼요.

Elba   **Does it have syrup in it?**
그린티 라테에 시럽이 들어가나요?

Adam   **No, it doesn't.**
아뇨, 안 들어가요.

Elba   **Perfect! And do you guys have soy?**
좋네요! 그리고 두유 있나요?

Adam   **Yes, we do.**
네, 있어요.

Elba   **Then, can you make that with soy?**
그러면, 두유로 해주시겠어요?

Adam   **Alright. Anything else?**
알겠습니다. 더 필요한 건 없으세요?

Elba   **Um… nope! That's it. Is the soy extra?**
음… 없어요! 그게 다예요. 두유에 추가 비용이 드나요?

Adam   **Then, that'll be $4.50.**
And you don't have to pay extra for the soy!
그러면, $4.50입니다. 두유는 추가 비용을 낼 필요 없으세요.

* **Can I get ~?** ~를 주시겠어요?
* **That will be ~ 금액.** 그렇게 되면 얼마입니다.
* **pay extra** 별도로 비용을 지불하다

Training 5 — 매운 음식에 대해 이야기하기

Elba I've never tried this. What if it's too spicy?
나 이거 한 번도 안 먹어봤는데. 너무 매우면 어떡해?

Adam Well, even if it's spicy, you can drink water to cool it down.
그럼, 매울지라도 진정시키기 위해 물을 마시면 돼.

Elba I'm not good with spicy food.
나 매운 음식을 잘 못 먹어.

Adam When you eat spicy food, milk really helps.
매운 음식을 먹을 때, 우유가 정말 도움이 돼.

Elba That's a good idea!
좋은 생각이다!

Adam Or, if milk doesn't help, you don't have to eat it all. We could order sandwiches or something. They have really good sandwiches here, too.
만약 우유가 도움이 안 된다면, 전부 먹을 필요 없어.
샌드위치나 다른 걸 시킬 수 있어.
여기엔 정말 맛있는 샌드위치도 있거든.

---

* **What if ~?** ~하면 어떡해?
* **even if** ~일지라도, 설령
* **cool down** 진정시키다
* **I'm not good with ~** 나는 ~에 약해요/잘 못 다뤄요

Training 8 맛집 기다리며 대화하기

Elba How long is the wait?
얼마나 기다려야 돼요?

Adam I'm not sure how long it would take. Maybe 40 minutes?
얼마나 걸릴지 잘 모르겠습니다. 40분 정도요?

Elba 40 minutes?
40분이요?

Adam Yes… Do you still want me to put your name on the waiting list?
네... 대기자 명단에 이름을 올려드릴까요?

Elba Well, maybe we'll come back next time.
아마 저희는 다음에 다시 와야 될 것 같아요.

Adam That's totally fine! Do you want me to recommend some other restaurants around here?
완전 괜찮습니다! 이 근처에 다른 식당들 추천해 드릴까요?

Elba Sure, that would be great!
We have no idea where to go.
너무 좋을 것 같은데요! 어디로 갈지 모르겠어요.

Adam There's a really nice 감자탕 place on the 1st floor of this building. It's called "Mom's 감자탕".
이 건물 1층에 정말 맛있는 감자탕집이 있어요.

* wait 기다림, 기다리는 시간
* I'm not sure ~ ~일지 잘 모르겠다
* would ~일 것 같다 (불확실한 의견을 제시할 때)
* where to go 어디로 갈지

Training 7   책 추천하기

Adam: Have you read the new book by Lily Brown?
Lily Brown의 신간 읽어봤어요?

Elba: Not yet. I love reading, but didn't have time to read lately.
아직이요. 저는 책 읽는 거를 좋아하지만, 최근에 읽을 시간이 없었어요.

Adam: You should try it. It's the best book I've read this year.
읽어봐야 해요. 제가 올해 읽어본 것 중에 가장 좋은 책이에요.

Elba: Really? What is it about?
정말요? 뭐에 관한 거예요?

Adam: It's about a girl who travels to different countries and meets random people.
여러 나라들을 여행하며 사람들을 만나는 소녀에 대한 이야기예요.

Elba: That sounds interesting.
I've wanted to read something like that!
되게 재밌겠는데요. 그런 책을 읽고 싶었어요.

Adam: The writing is so beautiful, too.
글도 정말 아름다워요.

Elba: I'll add it to my reading list.
Thanks for the recommendation!
제 읽을 도서 목록에 추가해야겠어요. 추천 고마워요!

* **time to 동사** ~할 시간
* **try** 해 보다, 노력하다
* **recommendation** 추천

Training 6   여행에 대해 이야기하기

Adam How long does it take to check in for an international flight?
국제선 항공편 체크인하는 데 얼마나 걸려?

Elba It usually takes about an hour.
보통 1시간 정도 걸려.

Adam That sounds like a long time. Is it always this busy? I've never seen the airport this crowded.
오래 걸리는 것 같다. 항상 이렇게 붐볐나?
공항이 이렇게 붐비는 것은 본 적이 없어.

Elba I know. It's the Christmas season, you know... And sometimes, it's so crowded that we have to wait for more than an hour just to get to the check-in counter.
알아. 너도 알다시피 크리스마스 시즌이잖아.
그리고 가끔 너무 붐벼서 체크인 카운터에 가기 위해서 1시간 이상 기다려야 할 때도 있어.

Adam How long have we been here?
How long have we been waiting?
우리 여기 온지 얼마나 됐지?
얼마나 오래 기다렸지?

Elba About 30 minutes, I guess.
30분 정도, 내 생각에.

* **How long does it take to ~?** ~하는데 얼마큼의 시간이 소요되나요?
* **crowded** (사람들이) 붐비는, 복잡한
* **wait for** ~를 기다리다